**하나님의
구원경영**
실천편

**삶으로 다시 읽는
출애굽기 말씀**

박
승
호

엮
음

한국장로교출판사

삶으로 다시 읽는
출애굽기 말씀

차 례

들어가는 글 / 6
본 교재를 사용하는 방법 / 12
구속사 관점으로 출애굽기 한눈에 바라보기 / 14

제 1 부 예수님과의 연합을 위한 기본 언약들

제 1 강 출애굽기 구속사 생애 간증문 쓰기 / 19
제 2 강 아침 - 깨어나는 기도, 저녁 - 성찰하는 일기 / 39
제 3 강 광야 필터링 기록지 쓰기 / 49
제 4 강 나의 매일의 십계명 / 57
제 5 강 성막 기도 / 65

제 2 부 예수님과의 연합을 위한 더 세밀한 만남들

제 6 강 수르 광야 필터링 하기 / 79
제 7 강 신 광야 탈출기 / 87
제 8 강 르비딤 광야 해결하기 / 95
제 9 강 아말렉과의 싸움 극복하기 / 101
제 10 강 시내 광야 / 111
제 11 강 시내산 말씀 훈련 간증기 / 117
제 12 강 성막 기도문 / 123

부록

인지 오류표 / 132
출애굽기 구조도 암기 훈련 / 140
출애굽기를 따라 기록하는 구속사 생애 간증문 1 / 150
출애굽기를 따라 기록하는 구속사 생애 간증문 2 / 155
출애굽기 7단계 구속사 기도 / 160
르비딤 광야 해결하기-필터링 기록지 / 166
러닝 센터(센터 학습) - 광야 경험해 보기 / 174

| 들어가는 글 : 삶으로 다시 읽는 출애굽기 말씀 |

롱 펠로우가 쓴 "에반젤린"은 진리와 사랑의 대서사시를 가슴 깊은 울림으로 우리에게 전달합니다.
캐나다의 아카디아 지역에 가브리엘과 에반젤린 두 젊은이가 사랑하며 살고 있었습니다. 그런데 둘의 약혼식 날 갑자기 일어난 전쟁으로 두 사람은 헤어지게 됩니다. 술래잡기하듯 극한 고난 속에서 일생을 서로 찾아다니다 가브리엘은 죽어가는 마지막 순간에 에반젤린을 만나 그의 품에서 사랑의 키스를 받으며 행복의 미소를 지으며 이야기는 끝이 납니다.

함석헌 선생은 그의 책 『뜻으로 본 한국 역사』에서 에반젤린의 사랑은 단순한 로맨스를 넘어, 진리를 찾기 위한 구도자의 여정으로 해석합니다.
에반젤린과 가브리엘의 사랑 이야기는 단순한 사랑의 서사가 아니라 진리를 찾기 위한 구도자의 생애로 풀어낼 수 있으며, 이는 인간 존재의 깊은 의미와 사랑의 본질을 탐구하는 중요한 메시지로 이해할 수 있습니다.
자신의 정체성 찾기, 삶의 목적을 향하여 쏟는 대가 지불, 긴 시간, 극한 인내, 희망을 잃지 않고 살아가는 삶의 아름다움…… 참된 사랑, 삶의 바른 원칙과 가치는 쉽고 빠르게 얻어지는 것이 아닙니다.
자신의 존재 가치와 사랑을 얻기 위하여 일생을 찾아 방황하는 에반젤린과 가브리엘의 삶은 가히 '구도자의 삶'이라고 말할 수 있겠습니다.

영원한 가치, 영원한 진리를 찾아 고난의 긴 광야를 통과하는 이스라엘의 구속사 여정을 기록한 출애굽기는 바로 진리, 생명을 찾아 먼 길을 가는 구도자의 순례 여정입니다.

그렇다면 그들은 무엇을 찾고, 무엇을 향해 나아가고 있습니까?

유월절에 하나님은 이스라엘을 찾아오셔서 그들이 안고 있는 최대의 문제를 해결해 주셨습니다. 곧 죄와 심판에 대한 하나님의 공의 앞에 서있는 죄인의 문제입니다. 더불어서 그들을 억압하고, 착취했던 바로의 통치, 우상숭배로 가득찬 애굽의 문화, 그들의 노예상태로부터 그들은 자유해야 했습니다.
우리는 이를 통칭하여 하나님께서 이스라엘을 '구원하셨다'라고 표현합니다.
그런데 그것으로 끝난 것이 아니고 전혀 예상치 못해던 고난의 긴 여정이 이어집니다. 홍해는 무엇이며, 긴 광야는 또 무엇입니까?
어떤 날은 수르 광야, 어떤 날은 신 광야, 어떤 날은 르비딤 광야입니다.

하나님께서 가던 길을 돌려서 홍해로, 광야로 인도하신 의도는 무엇이고, 우리가 찾아야 할 것은 무엇인가요?
이 긴 구원의 여정에서 나는 무엇을 찾고, 누구를 만나야 합니까?
우리가 경험해야 할 출애굽, 구원의 역사는 무엇입니까?

창세기 1:26~28 말씀은 하나님께서 사람을 창조하시는데 3위 하나님의 형상으로 창조하셨다고 말씀합니다. '사람은 하나님의 형상'입니다. 그런데 사탄이 사람에게 '하나님처럼 될 수 있다'고 미혹하여 넘어졌습니다(창 3:5).
사람은 하나님의 형상으로 살아야 자기 자신으로 사는 진정한 삶입니다(Bliss)[*]
하나님께서 창조하신 하나님의 형상을 사탄은 모조품(Fake)으로 대체를 시켰습니다.

> "그 나무를 본즉 먹음직도 하고 보암직도 하고 지혜롭게 할 만큼 탐스럽기도 한 나무인지라"(창 3:6)

참 자아는 3위 하나님의 DNA를 가진 '하나님의 형상'입니다.

> 고후 13:13 주 예수 그리스도의 은혜(고전 16:23)와 하나님의 사랑(유 1:21)과 성령의 교통하심(빌 2:1)이 너희 무리와 함께 있을지어다

---

[*] Bliss : 원복(原福), 천복(天福), 지복(至福) - 창조하신 하나님의 형상인 본래의 모습, 신약에서는 예수님의 십자가, 부활, 승천

우리는 '예수님의 은혜'와 '아버지의 사랑'과 '성령님의 교통'으로 살아야 할 영적 존재들입니다.
이 정체성을 알고, 바른 공급으로 살아야 영생(하나님의 생명)을 사는 사람입니다.
그러나 3가지 모조품이 우리의 일상의 모습이 되어 버렸습니다.
사람들은 이 사탄이 심어놓은 3가지 모습이 자신의 진짜 모습인 양 착각하면서 일생을 살아갑니다.

> 엡 2:2 그 때에 너희는 <u>그 가운데서 행하여</u> 이 세상 풍조를 <u>따르고</u> 공중의 권세 잡은 자를 <u>따랐으니</u> 곧 지금 불순종의 아들들 가운데서 역사하는 영이라
> 2:3 전에는 우리도 <u>다 그 가운데서</u> 우리 육체의 욕심을 <u>따라</u> 지내며 육체와 마음의 <u>원하는 것을 하여</u> 다른 이들과 같이 본질상 진노의 자녀이었더니

이 세상 풍조를 따르고, 공중 권세 잡은 영 곧 불순종의 아들들 가운데서 역사하는 영, 육체의 욕심을 따라 육체와 마음의 원하는 것을 행하는 자로 살아 갑니다.
3위 하나님의 DNA로 창조된 우리의 모습을 '참 자아'라고 부른다면, 속아서 따르고 사는 3가지의 모습을 우리는 '거짓 자아'라고 표현할 수 있습니다.

> 요일 2:16 이는 세상에 있는 모든 것이 육신의 정욕과 안목의 정욕과 이생의 자랑이니 다 아버지께로부터 온 것이 아니요 세상으로부터 온 것이라

이는 '먹음직, 보암직, 지혜롭게 할 만큼 탐스럽기도 한'과 연결되어 있습니다(창 3:6)

광야에서 경험하는 매 사건, 매 상황에서 우리는 3위 하나님을 만나고 교통하는 게 이 여정의 중요한 목적임을 알아야 합니다.
유월절 이후 우리를 이끄시는 모든 환경, 모든 사건 속에는 이 창조의 원복을 되찾도록 이끌어주시는 아버지의 인도하심이 있습니다.
'구원이 무엇이냐?'라고 정리한다면 '거짓 자아에서 벗어나서, 참 자아로 돌아가는 일이다'라고 정리할 수 있습니다.
'창세기'로 말하면 우리는 하나님이 아닙니다. 착각하고 사는 거짓 자아가 나의 정체가 아닙니다.
'출애굽기'로 말하면 애굽을 떠나 광야를 통과하여 마침내 가나안 땅에 들어가 상속자

로, 하나님의 통치의 대행자로 우뚝 서는 일입니다.

출애굽기에서 보여준 구원의 여정을 진행되는 과정으로 풀어 보십시다.
유월절에 출발한 우리의 구원 여정은 성막으로까지 이어집니다.
그 긴 훈련, 인도하심의 여정을 통하여 우리는 3위 하나님을 만나고, 경험할 수 있어야 합니다.
우리가 3위 하나님을 제대로 만나게 되면 우리의 삶이 거짓 자아를 따라 살았던 삶에서 깨어나 참 자아를 찾아가는 거듭난 인생으로 바뀌게 됩니다.
세상의 모든 사람들이 다들 거짓 자아로 살아갑니다. 그 거짓 자아가 하나님의 자리에 앉아 자신이 영광과 경배를 받고 살아갑니다. 그렇게 사는 게 정상적인 사람의 삶인 줄 알고 살아 왔습니다. 그러나 하나님을 만난 사람의 특징은 3위 하나님의 모습을 닮아 갑니다. 이것을 우리는 신앙적 용어로 '성화', 혹은 그리스도와의 '연합'이라고 부릅니다.

> 엡 2:12 그 때에 너희는 그리스도 밖에 있었고 이스라엘 나라 밖의 사람이라 약속의 언약들에 대하여는 외인이요 세상에서 소망이 없고 하나님도 없는 자이더니
> 2:13 이제는 전에 멀리 있던 너희가 그리스도 예수 안에서 그리스도의 피로 가까워졌느니라
> 5:8 너희가 전에는 어둠이더니 이제는 주 안에서 빛이라 빛의 자녀들처럼 행하라

나에게도 '전에는', '이제는'의 변화가 있어야 합니다. 출발, 과정, 성숙, 완성을 향하여 진행되는 과정의 변화를 볼 수 있어야 합니다.

많은 경우에 우리는 거짓 자아를 붙잡고 살고 있으면서, 그 거짓 자아의 충족이 곧 행복이라고 생각합니다. 그래서 이 견고한 내면을 깨뜨리기 위하여 광야, 광야가 이어집니다. 모든 고난에는 하나님의 메시지가 있음을 알고 계속 귀 기울여 들어야 합니다.

우리는 이 말씀 프로젝트를 통하여 하나님께서 불기둥과 구름기둥으로 친히 인도하셨던 출애굽 여정을, 우리도 경험해야 할 구원의 단계들로 인정하고 우리도 동일하게 그 광야 훈련의 여정들을 따라가면서 경험해 볼 것입니다.

출애굽기와 로마서는 우리의 신앙 전통 속에서 '성경의 구원론'이라고 우리 모두는 인정, 고백합니다. 쓰임 받은 종 모세와 바울을 통하여 주님은 구원받은 자의 삶이 어떤 여정들을 거치면서 성숙해 가는지를 설명해 주고 있습니다.

그동안 출애굽기를 많이 공부하고 전달하셨기에 우리는 이 출애굽기의 말씀에 많이 익숙해 있습니다.

훈련은 방향과 목적, 방법들을 제시하고 진지한 대화들을 나눌 것입니다. 자신이 기쁨으로 선택한 소그룹 안에서 콘퍼런스 이후 계속 삶으로, 경험으로, 감격으로 이어져 갈 수 있도록 우리는 서로 협력해야 합니다.

※ 개혁주의 신학의 '성화론'

개혁주의 성화론은 하나님의 은혜와 인간의 책임이 함께 상호작용하는 성화 과정으로 설명합니다.

1) '근본적 성화'(definitive sanctification)는 예수 그리스도의 구속 사역에 근거하여 받는 의입니다(칭의, 객관적 구원 경험). - 그리스도 안에 있는 의가 그리스도인에게 전가(imputation)되어 받는 새로운, 신분적 변화를 의미합니다(고전 1:30).
2) '점진적 성화'(progressive sanctification)는 그리스도인이 평생동안 죄와 싸우며 거룩함을 추구하는 과정입니다(성화, 주관적 구원 경험). - 이 과정에서 그리스도인은 하나님의 은혜와 자신의 책임 있는 참여(믿음의 응답)가 함께 작용해야 합니다(빌 2:12). - 죄의 세력과 싸우는 능력의 변화
3) '완전 성화'(perfect sanctification)는 그리스도인이 죽음 이후 완전히 회복된 상태를 의미합니다(빌 3:21). - 죄와 상관없는 존재의 변화

본 과정의 훈련은 점진적 성화에 강조점을 두는 훈련입니다.

출애굽기의 70%는 성화에 관한 말씀입니다(1-12장 칭의, 13-40장 성화). 로마서도 1-4장은 칭의, 5-16장은 성화를 말씀합니다. 하나님께서 우리에게 주시는 구원은 칭의에서 출발하여 성화로 성숙, 영화로 완성됩니다.

우리는 이 말씀 프로젝트를 통하여 하나님께서 불기둥과 구름기둥으로 친히 인도하셨던 출애굽 여정을 통하여 우리가 경험해야 할 구원의 단계들이 무엇인지를 점검하며 훈련해 가기를 원합니다.

우리는 출애굽기의 훈련에서 3가지 질문을 합니다.

거짓 자아에서 깨어나 참 자아로 가기 위한 질문입니다.

1. 나는 3위 하나님을 만났습니까? 나는 그 3위 하나님과 매일 교통하며 삽니까?
2. 나는 누구입니까? 나는 무엇을 향하여 나아가고 있습니까? 나의 매일의 가치, 행복, 만족은 어디에 있습니까?
3. 이를 위해 버려야 할 것은 무엇이고(마이너스 기도), 취하여야 할 것은 무엇입니까?(플러스 기도)

'성화'의 주요 영역은 우리의 내면 세계입니다. 환경이나 외부의 적에 집중하지 않고, 나를 부르신 아버지의 의도, 변화, 성숙되어 가는 나 자신에게 집중하는 일이 중요합니다. 이 훈련을 보다 더 효과적으로 진행하려면 참여자 모두는 출애굽기 전체의 구조도를 반드시 암기하고 참여토록 권면드립니다.

"이러한 다양한 훈련들을 통하여 우리를 아들들로 세우시는 아버지 감사합니다. 우리가 꼭 예수님을 닮은 아들들이 되어 구속사, 하나님 나라, 아버지의 갈망을 이루어 드리길 소망합니다. 아들까지 내어주셔서 우리를 구원하시고 사랑하시는 우리 아버지 하나님, 세세토록 감사와 찬양과 영광을 받으시옵소서. 아멘."

히 2:11 거룩하게 하시는 이와 거룩하게 함을 입은 자들이 다 한 근원에서 난지라 그러므로 형제라 부르시기를 부끄러워하지 아니하시고
2:12 이르시되 내가 주의 이름을 내 형제들에게 선포하고 내가 주를 교회 중에서 찬송하리라 하셨으며

롬 8:28 우리가 알거니와 하나님을 사랑하는 자 곧 그의 뜻대로 부르심을 입은 자들에게는 모든 것이 합력하여 선을 이루느니라
8:29 하나님이 미리 아신 자들을 또한 그 아들의 형상을 본받게 하기 위하여 미리 정하셨으니 이는 그로 많은 형제 중에서 맏아들이 되게 하려 하심이니라

| 본 교재를 사용하는 방법—단기 훈련, 장기 훈련 |

1. 2박 3일, 혹은 3박 4일의 집중 훈련을 하실 경우에는 제1부, 1강~5강까지만 다루십시오.
2. 1강, 구속사 생애 간증문을 사전 과제로 주셔서 그동안 공부했던 출애굽기 공부를 복습, 복기할 수 있도록 하십시오.
3. 1강 공부 내용도 미리 줌으로 공부하고, 함께 모여 훈련할 때는 2강~5강을 하신다면 훨씬 시간을 단축시킬 수 있으며, 효과적인 훈련을 할 수 있습니다.
4. 각 강의의 진행은 아래의 순서를 따르십시오.
    1) 찬양 - 보혈 찬양과 성령의 기름 부으심이 있는 곡들로 선곡
    2) 강의 - 강사
    3) 소그룹에서 강의 내용에 근거하여 제시한 질문 내용을 작성하여 함께 나누기
       - 인도자 중심으로(인도자는 1강-5강이 미리 훈련된 사람으로)
    4) 각 소그룹에서 한 명을 지명하여 전체 앞에서 조별 나눔 내용을 발표하기
    5) 작성하고 결단한 그 내용을 살도록 성령님의 기름 부으심을 위하여 전체로 합심하여 기도하기
       (새 언약 시대에는 성령께서 우리의 마음을 움직여서 구속사, 하나님 나라를 이끌어 가십니다. 성령님의 기름 부으심을 위하여 충분한 기도 시간을 할애하시길 당부드립니다).
5. 이 훈련은 아는 데서 그치는 것이 아닌 경험하고 살아가도록 돕는 훈련입니다.
    - 학(學) + 습(習).
6. 콘퍼런스 이후에 1년 동안 소그룹 내에서 반드시 실행한 결과를 가져와 나누도록 훈련하셔야 합니다. 또 우리가 영적 부모가 될 때 더욱 건실한 성장을 할 수 있습니다. 구속사 산맥 잇기를 위한 우리의 전술, 전략은 '3인턴 4세대 구속사 이어 가기'입니다.
7. '성화'는 자기 부인을 통한(세례, 침례) 그리스도와의 연합이요, 그리스도 안으로 들어가는 일이요, 결국 언약을 지키는 상호관계입니다.
    (내면 치유 중 필터링 방법들이 다양하게 소개됩니다. 너무 방법에 매이지 말고, 내 내면의

감정, 트라우마가 어떻게 정화되는지에 유념하여 내게 가장 맞는 방법을 선택하여 그 눌린 감정이 조절되고, 합리적 사고, 성경적 사고로 바뀔 때까지 반복하여 실시하시기를 권면드립니다.)

8. 혹시 인도자 없이 혼자 훈련을 하는 경우라면 제시된 예문을 따라 그대로 답습하며 반복 훈련하면 됩니다.

9. 소그룹 인도나 영적 양육 부모가 되려면 '강사단 훈련' 과정에 참여하시기를 권면합니다.

* 본 교재에 수록된 개인적인 간증 및 사례들은 본인과 목자의 허락을 받아 게재하였습니다.

구속사 관점으로 출애굽기 한눈에 바라보기

- 출애굽기는 '성화로 가는 여정'입니다.
- 출애굽기의 여정을 신뢰, 수용, 감사, 순종으로 따라가면 아버지의 의도에 도달할 수 있습니다.

1. 1-11장 은혜 - 하나님의 찾아오심

- 환경 : 정치적 어려움, 경제적 어려움, 고난 - 하나님의 부르심(calling)
- 하나님을 만날 수 있도록 배열해 주신 구속사 목자들은 누구였습니까?
- 우상의 처리 - 하나님 대신 평생을 붙잡고 있었던 마음의 우상들 : 트라우마

2. 12장 유월절 - 대속 제물의 희생을 통한 구원

- 누룩 버리기
- 피 바른 언약 공동체 안에 있기
- 새로운 양식 : 양고기, 무교병, 쓴 나물
- 여호와의 군대 - 아군폭격(Friendly fire) 절대 엄금

3. 13장 3위 하나님을 예배하는 법, 존중하는 원리 : Goal

- 참 자아 (하나님의 형상) 찾아가기 / 매일 플러스 기도하기
- 성부 하나님 : 첫 것을 드리라
- 성자 예수님 : 무교절을 지키라
- 성령님 : 인도하심 - 구름 기둥 불기둥의 인도를 받으라

4. 14장 세례(침례)로 나를 벗고 그리스도로 살아나기 : Attitude

- '거짓 자아'를 분별하여 거절하기 / 매일 마이너스 기도하기
  · 육신의 정욕 : 본성, 육성은 내주하시는 성령님과 충돌합니다.
  · 안목의 정욕 : 세상을 사랑하면 하나님과 원수가 됩니다.
  · 이생의 자랑 : 죄, 마귀를 버리고 오직 예수님, 오직 은혜만 따릅니다.

5. 15-18장 광야의 삶을 통하여 3위 하나님을 경험하기

  · 수르 광야 : 문제가 꼬일 때 십자가를 적용하고 기준(말씀)으로 돌아가라. 성자 예수님께 집중
  · 신 광야 : 기초(경제, 건강, 가족 등)가 무너졌을 때 공급자 성부 하나님을 찾으라(예배).
  · 르비딤 광야 : 목마를 때 기도에 집중함으로 성령님과의 만남(기도생활)
  · 아말렉과의 전쟁 : 영적 전쟁을 함께 감당해 가는 중보팀(제사장권 훈련)
  · 시내 광야 : 그리스도의 몸 세우기를 함께 하는 드림팀(왕권 훈련)

6. 19-24장 하나님의 율법, 진리의 궁극적 목적 - 사랑

613가지의 율법 → 시내산 → 십계명 : '사랑'으로 완성
"오늘도 사랑을 실천함으로 율법의 완성, 언약의 성취로 나아가기를 원합니다."

7. 25-40장 성막 건축 - 매일 성막에서 하나님을 예배하고 만나기

  · 자기 내면의 성막 건축 : Intro calling - 하나님의 형상으로서의 삶
  · 지체의 내면에 성막 건축을 돕는 일 : Extro calling - 왕 같은 제사장의 삶

I.

예수님과의 연합을 위한
기본 언약들

제1강

출애굽기 구속사
생애 간증문 쓰기

'구속사'란 무엇입니까?

아담이 마귀의 유혹에 넘어가 망가뜨린 하나님의 창조 역사를 예수님을 통하여 이루시고(십자가, 부활, 승천) 그 몸과 지체들(교회)을 통하여 망가진 인간세계와 만물까지 다시 원상 복구하는 구원의 여정 전체를 일컫는 용어입니다.
1. 아브라함, 모세, 다윗 등을 통하여 장차 예수님께서 이 땅에 오셔서 이루실 구원의 작업들을 여러 방면으로 미리 예비케 하셨습니다. - 구약
2. 예수님이 이루신 구원 역사를, 개인과 공동체의 믿음과 순종을 통하여, 성령님의 도우심으로 만물에게까지 하나님의 충만하심을 전달하는 구원의 역사입니다. - 신약
3. 그리스도와 연합된 그리스도의 몸인 교회가, 원수로 발등상 되게 할 때, 예수 그리스도의 재림과 함께 완성되며, 하나님은 모든 것을 새롭게 하시고 믿는 자들에게 영원한 하나님의 나라와 영생을 이어가게 하십니다. - 완성, 재림

> 계 11:15 일곱째 천사가 나팔을 불매 하늘에 큰 음성들이 나서 이르되 세상 나라가 우리 주와 그의 그리스도의 나라가 되어 그가 세세토록 왕 노릇 하시리로다 하니

모세의 출애굽 사건이 주는 의미, 예표

장차 예수님께서 우리에게 가져오실 구원의 예표, 패턴, 모델이 됩니다.
1. 바로와 애굽의 종살이 했던 이스라엘의 탈출, 해방, 자유케 한 사건-인류를 죄와 사망의 권세에서 탈출, 해방, 자유케 하십니다.
2. 유월절 어린양의 피가 죽음의 사자로부터 이스라엘의 장자를 보호했습니다. - 예수님의 십자가 보혈은 우리를 죄와 심판, 세상으로부터 자유케 합니다.
3. 이스라엘은 유월절, 홍해, 광야를 거쳐 시내산에서 구약 율법과 십계명 언약으로 하나님과 이스라엘의 관계의 기초를 형성합니다.
4. 예수님은 자신의 살과 피를 제공하심으로(십자가, 부활, 승천) 새 언약을 맺어 성령으로 새로운 관계를 형성하고, 하나님 나라를 세워 가십니다.

나의 구속사로 구속사의 산맥 이어가기

구약과 신약에서 하나님의 구원 역사를 돕기 위하여 수많은 종들을 세우셨던 것처럼 나의 구원을 위하여 많은 종들이 수고를 했습니다. 누가 나를 위해 구속사 목자가 되었으며, 나는 어떻게 부르심을 받았고, 어떻게 믿음으로 응답했는지를 상세하게 정리하는 작업이 필요합니다.

우리는 출애굽기와 로마서를 통하여 내 안에서, 나를 통해 이루어 가시는 하나님의 구속사의 행로를 찾아갈 것입니다. 만약 나의 역사 속에 예수님의 이야기가 빠져 버린다면 그건 생의 핵심을 잃어버린, 곧 세속사가 되어 버립니다. 지나온 나의 역사 속에 하나님은 어떤 모습으로 나를 찾아오셨으며(은혜), 나는 어떻게 응답했는지(믿음)를 세세하게 살펴보아야 합니다.

또한 나는 복음의 빚진 자로서 하나님의 세상 살리는 구속사의 산맥이 나를 통하여 4세대(창세기 모델)를 이어 가도록 기도하고 순종하기를 기도합니다.

1. 1~11장 은혜 : 나를 찾아오신 하나님

하나님은 아브라함과의 언약을 기억하시고 때가 찼을 때 이스라엘을 찾아오십니다.

> 창 15:13 여호와께서 아브람에게 이르시되 너는 반드시 알라 네 자손이 이방에서 객이 되어 그들을 섬기겠고 그들은 사백 년 동안 네 자손을 괴롭히리니
> 15:14 그들이 섬기는 나라를 내가 징벌할지며 그 후에 네 자손이 큰 재물을 이끌고 나오리라
> 15:16 네 자손은 사대 만에 이 땅으로 돌아오리니 이는 아모리 족속의 죄악이 아직 가득 차지 아니함이니라 하시더니

1) 환경의 어려움(정치적, 경제적, 고난 등)을 하나님의 부르심(calling)으로 해석하십시오.

하나님을 만날 수 있도록 배열해 주신 환경적 이끄심이 있었습니까? (가정, 학교, 광야 훈련학교)

부모님의 양육패턴과 영향력, 다른 가족들과의 관계는 어떠했습니까? (하나님을 배고파하고, 목말라하도록 혹은 하나님을 찾아가도록 이끄신 가정적 구조, 분위기)

2) 하나님을 만날 수 있도록 배열해 주신 구속사 목자들이 있습니다.
나의 삶에 큰 영향력을 끼친 구속사 목자들(모세의 경우 : 산파들, 어머니, 미리암, 양어머니 공주, 이드로)은 누구입니까?
나는 그들을 통하여 어떤 영향을 입었습니까?

3) 우상의 처리 - 10가지 우상(재앙), 이스라엘 사람들이 하나님 대신 400년 동안 붙잡고 있었던 마음의 우상들이 있습니다.
자기 내면의 패턴들(양육패턴, 기질, 방어기제, 주요감정, 사연, 인지 왜곡)을 정리해 보십시오. 본인의 취약 부분을 알고 있어야 합니다. 그래야 그곳에 파수꾼을 세워 사탄의 공격에 대비할 수 있습니다.

2. 12장 유월절(피) 언약 : 누룩을 버렸습니까? 나는 오늘 피 안에, 언약 공동체 안에 있습니까?

피 안에 있어야 도움을 받습니다. 하나님의 언약 안에 있어야 합니다. 가정과 교회 안에 있어야 합니다. 나를 도우려는 목자와 함께 있어야 합니다.

1) 누룩을 버렸습니까?
누룩을 처리하는 작업으로부터 유월절 언약이 출발합니다. (출 12:15, 19, 13:6-7)

> 출 12:15 너희는 이레 동안 무교병을 먹을지니 그 첫날에 누룩을 너희 집에서 제하라 무릇 첫날부터 일곱째 날까지 유교병을 먹는 자는 이스라엘에서 끊어지리라

① 끊지 못한 죄-내가 힘이 없어 짓는 죄라면 도움을 달라고 요청할 때 주님이 도와주시고, 회개할 시간적 여유를 주십니다. 누룩은 죄를 상징합니다(고전 5:6-7).
② 나를 위해 예비된 대속의 양이 죽고, 그 피를 발라야 합니다. 회개할 수 있도록 해 달라고 성령님께 기도하고 회개하고, 삶을 돌이켜야 합니다.

> 고전 5:7 너희는 누룩 없는 자인데 새 덩어리가 되기 위하여 묵은 누룩을 내버리라 우리의 유월절 양 곧 그리스도께서 희생되셨느니라

③ 죄인 줄 모르고 지은 죄, 혹은 깨닫지 못하고 지었던 죄 - 주님이 회개하고 돌이킬 수 있는 기회를 주십니다.

> 눅 23:34 이에 예수께서 이르시되 아버지 저들을 사하여 주옵소서 자기들이 하는 것을 알지 못함이니이다 하시더라 그들이 그의 옷을 나눠 제비 뽑을새
> 요일 1:9 만일 우리가 우리 죄를 자백하면 그는 미쁘시고 의로우사 우리 죄를 사하시며 우리를 모든 불의에서 깨끗하게 하실 것이요

예수님이 우리에게 주신 은총은 죄로부터의 구원이 출발입니다.

> 마 1:21 아들을 낳으리니 이름을 예수라 하라 이는 그가 자기 백성을 그들의 죄에서 구원할 자이심이라 하니라

2) 피 바른 집 안에 있습니까? - 매일 구속사를 위해 언약 공동체 안에 살고 있습니까?

나는 구속사를 위하여 공동체로 부르심을 받았습니다(출 12:3, 7, 20:10, 행 16:31 참조).
가정 안에, 교회 안에, 목자와 함께 협력하여 구속사를 위해 살아야 합니다.
지금 나를 돕는 목자는 누구입니까?(나의 영적 아비, 어미, 혹은 영적 자녀)
우리는 혼자 설 수 없습니다. 가정도 교회도 소그룹도 영적 보호자가 있어야 합니다.
(엡2:20-22 참조)

3) 어떤 공급으로 삽니까? - 새로운 양식, 나의 음식, 나의 즐거움, 나의 행복은 어디에서 옵니까?

양고기(예수님, 말씀), 무교병(죄 없는 거룩한 삶), 쓴 나물(과거로 돌아가지 않으려고 애쓰는 절제의 삶)
이제는 새로운 공급으로 살아야 합니다. 예수님을 먹고, 마시지 않으면 예수님과 상관이 없는 사람이 됩니다.

> 요 6:53 예수께서 이르시되 내가 진실로 진실로 너희에게 이르노니 인자의 살을 먹지 아니하고 인자의 피를 마시지 아니하면 너희 속에 생명이 없느니라

과거의 방법, 내용으로는 나의 영적 갈증을 해갈할 수 없습니다.

> 요 4:13 예수께서 대답하여 이르시되 이 물을 마시는 자마다 다시 목마르려니와

4) 여호와의 군대 - 나의 정체성, 나의 삶의 목적과 방향은 바르게 정렬되어 있습니까?

군인, 수험생, 취준생, 올림픽 선수촌의 선수들 같은 영적 긴장, 깨어 있음이 있어야 합니다. 아군폭격(Friendly fire-가족 싸움, 교우끼리의 갈등, 목자와의 불편한 관계)은 없습니까? 나는 나를 부르신 아버지의 갈망에 합당한 훈련의 분량을 채우고 있습니까?

2. 13장 3위 하나님을 섬기는 방법 - 예배 스피릿

구원받은 사람이 어떻게 신앙 생활할 것인지를 가르쳐 주는 방향과 목적을 제시해 주는 오리엔테이션의 말씀입니다.

1) 신앙생활의 목적(Goal)

3위 하나님을 잘 모시기 위하여 나는 장자로 부르심을 받았습니다. 그러므로 나는 가정의 제사장입니다. 레위기의 원칙들을 잘 지켜야 합니다. 제사장의 결격 사유를 잘 살펴서 영적으로 그 결여에 빠지지 않도록 주의하십시오(레 21:-22: 참조). 우리는 장자이기에 장자의 권리를 보장받을 수 있는데 그렇지 못함은 법대로 살지 못하기 때문일 가능성이 많습니다. 삶으로 말씀을 살아내는 일이 매우 중요합니다.

2) "첫 것을 드리라" 유월절 이후 초태생은 모두 하나님의 것입니다

> 출 13:2 이스라엘 자손 중에서 사람이나 짐승을 막론하고 태에서 처음 난 모든 것은 다 거룩히 구별하여 내게 돌리라 이는 내 것이니라 하시니라
> 12:12 내가 그 밤에 애굽 땅에 두루 다니며 사람이나 짐승을 막론하고 애굽 땅에 있는 모든 처음 난 것을 다 치고 애굽의 모든 신을 내가 심판하리라 나는 여호와라

3) "이스라엘은 내 아들, 나의 장자다" 출 4:22-23

"그 장자를 레위인으로 대속하라." 레위인은 하나님을 섬기는 일을 위해 구별된 사람들, 그러므로 장자는 곧 레위인과 같은 사명을 갖고 있습니다. 장자는 가정을 대표하는 가정의 제사장입니다. 장자는 레위인으로 대속하든지 아니면 자신이 레위인처럼 제사장으로 살아야 합니다.

> 출 4:22 너는 바로에게 이르기를 여호와의 말씀에 이스라엘은 내 아들 내 장자라
> 4:23 내가 네게 이르기를 내 아들을 보내 주어 나를 섬기게 하라 하여도 네가 보내 주기를 거절하니 내가 네 아들 네 장자를 죽이리라 하셨다 하라 하시니라
> 민 3:45 이스라엘 자손 중 모든 처음 태어난 자 대신에 레위인을 취하고 또 그들의 가축 대신에 레위인의 가축을 취하라 레위인은 내 것이라 나는 여호와니라
> 출 34:20 네 아들 중 장자는 다 대속할지며 빈 손으로 내 얼굴을 보지 말지니라

유월절(12) 이후 우리는 3위 하나님과의 교통 관계로 살아가야 합니다(13-14장) 나는 3위 하나님의 이름으로 세례받은 자로서 합당한 삶을 살고 있는지를 계속 물어야 합니다. 언약이기 때문입니다.
아직도 내가 주장하는 고집, 원칙으로 삽니까? 하나님 나라가 아닌 나의 왕국을 건설하고 계십니까?
주님의 주권 아래에서 거절하고, 내려놓은 자아, 자기 의는 어떤 것들이 있습니까?

* 왜 신앙생활을 3위 하나님으로 출발해야 합니까?(13-14장)
1. 사람은 3위 하나님의 합작품(창 1:26-28)입니다. 나는 하나님의 형상입니다.
2. 그러나 사람은 3방면으로 무너졌습니다(창 3:6, 요일 2:16).
3. 그래서 거기서 벗어나오겠다는 결단으로 성부와 성자와 성령의 이름으로 세례를 받습니다(마 28:18, 행 8:16).
4. 목자는 이 세 부분을 축복하며 목양합니다(고후 13:13).
5. 내가 세례(침례)받을 때 주님의 십자가와 부활, 승천을 통하여 그리스도와 연합한 자가 됩니다(롬 6:3-5).

3. 13장 3위 하나님을 예배하는 원리 : 우리 신앙생활의 목표(Goal)

1) 성부 하나님 : 첫 것을 드리라
첫 물질(온전한 십일조), 첫 시간(새벽기도 혹은 아침 경건의 시간), 몸의 첫 건강(봉사), 첫 자녀(첫 열매 봉헌), 주간 중 첫날(주일 성수)
첫 것을 구별시킨다는 말은 예배 스피릿이 무엇인지를 말씀해 주는 내용입니다. 하나님을 주인으로 모시는 출발점입니다. 첫 것을 드리지 않는, 정성 없는 예배는 종교적인, 형식적 예배로 가기가 쉽습니다.

> 신 6:5 너는 마음을 다하고 뜻을 다하고 힘을 다하여 네 하나님 여호와를 사랑하라

2) 성자 예수님 : 무교절을 지키라 - 누룩을 버린 삶, 대속의 제물의 피로 씻음 받은 삶

> 출 13:6 이레 동안 무교병을 먹고 일곱째 날에는 여호와께 절기를 지키라
> 13:7 이레 동안에는 무교병을 먹고 유교병을 네게 보이지 아니하게 하며 네 땅에서 누룩을 네게 보이지 아니하게 하라

무교절을 지켜야 예수님과의 즐거운 구속사 여정이 시작됩니다.

3) 성령님 : 인도하심 - 구름기둥과 불기둥의 인도를 받는 삶
"구름기둥과 불기둥의 인도를 받겠습니다." - 내 뜻대로, 충동대로 행하지 않고 기도로 의논하면서, 성령님의 인도하심을 따라 삽니다. 주권을 올려드리면 그때부터 우리는 주님의 종으로서의 삶을 살아야 합니다.
어디로 인도하시든지 신뢰하고 이 광야 길을 그냥 따라갈 뿐입니다.-이 길로 인도하심에 대한 신뢰, 수용, 감사, 순종이 중요합니다.

4. 14장 홍해 언약 : 우리 신앙생활의 자세(Attitude)

개혁신학, 개혁교단은 '성화'의 개념을 '연합'으로 이해합니다. 우리는 세례로 예수님

과 연합할 수 있습니다. 이 연합, 곧 그리스도 안으로 들어감을 통하여 우리는 새로운 존재로 변화되어 갑니다.

1) 우리의 결단-세례를 통한 자기 부인
내가 죽고 나를 통해 그리스도께서 사시는 삶이 '거듭난 삶'입니다.

> 갈 2:20 내가 그리스도와 함께 십자가에 못 박혔나니 그런즉 이제는 내가 사는 것이 아니요 오직 내 안에 그리스도께서 사시는 것이라 이제 내가 육체 가운데 사는 것은 나를 사랑하사 나를 위하여 자기 자신을 버리신 하나님의 아들을 믿는 믿음 안에서 사는 것이라

예수님께서는 따르는 무리를 향하여 최소한 하루에 한 번이라도(날마다) 자신을 성찰하며 자신을 부인하며 십자가를 지는 자가 주님을 따르는 제자라고 말씀합니다.

> 눅 9:23 또 무리에게 이르시되 아무든지 나를 따라오려거든 자기를 부인하고 날마다 제 십자가를 지고 나를 따를 것이니라

2) 하나님은 세례를 위하여 의도적으로 홍해를 건너게 하셨습니다

> 고전 10:1 형제들아 나는 너희가 알지 못하기를 원하지 아니하노니 우리 조상들이 <u>다 구름 아래에 있고 바다 가운데로 지나며</u>
> 10:2 모세에게 속하여 다 <u>구름과 바다에서 세례를 받고</u>

* 3위 하나님께 도달하는 방법
자기 부인, 자기 거절(세례)을 통한 그리스도와의 연합
매일 이렇게 고백하십시오.
"나는 아무것도 아닙니다."
"나는 애굽을 떠난 자입니다. 세례받은 자로서 나는 날마다 죽습니다. 내 안에 그리스도가 드러나시기를 원합니다."
"오늘도 예수님의 이야기로 가득한 한 날을 살게 해주십시오."

홍해를 건넌 사건을 세례라고 해석한 내용을 정리해 봅시다(고전 10:1-2).

세례는 한 면으로는 우리를 사탄과 그의 통치 아래 있는 세상(애굽)을 벗어나게 하고, 다른 한 면으로는 우리를 그리스도와 연합하도록 인도합니다. 온전한 세례는 바로와 그의 군대를 장사지내게 합니다. 바로와 그의 군대는 홍해, 세례에서 장사되었습니다. 계속 자기를 주장하고, 자기를 챙기고, 자기 중심으로 살거나 탐심으로 살면 그는 애굽을 떠나지 못한 자요, 결국 바로가 다시 왕노릇하여 나를 지배하게 됩니다. 사탄에게 나를 지배할 기회를 제공하는 셈이 됩니다.

'세례받은 자로 산다'는 말은 애굽을 떠난 자로 온전히 그리스도께 집중한다는 말씀입니다. 어떤 일에든지 자기를 주장하지 않고, 그리스도를 살아내는 사람입니다.

세례의 삶이란 내가 죽고, 내 안에 그리스도께서 사시는 '나죽예사'의 삶입니다(갈 2:20). 이것이 성경적인 '성화'의 개념입니다.

3) 만약 어려움이 있다면 나는 어느 부분에서 자꾸 무너집니까? - 거짓 자아

① 육신의 정욕 : 혈기, 분노, 시기, 질투, 염려, 두려움, 정욕 등 육성, 충동을 따라 행동하지 않고 늘 성령님의 인도를 따르고, 영의 생각을 가지려고 마음을 긴장하고 삽니다. 아담부터 흘러내려오는 본성, 육성은 성령님을 거스르게 만듭니다.

② 안목의 정욕 : 전에는 사람에게 보이려고, 인정받기 위해서 살았습니다. 그러나 지금은 코람 데오, 오직 하나님 앞에서 살기를 힘씁니다. '세례' 이후 나는 나의 특권을 하나님께 이양했습니다.

③ 이생의 자랑 : 죄는 모양이라도 버립니다. 귀신을 따르는 행위, 악한 영들이 좋아하는 우상적인 것, 미신적인 것들을 다 버리고 오직 예수님만 따르기로 결단했습니다.

여기까지 오면 성화, 정화를 위하여 하나님은 사건, 현장들로 인도하십니다. 무엇을 돕기 위해 이 광야로 이끄셨는지를 자꾸 물어야 합니다. 우연이란 없습니다. 운이 나빠서도 아닙니다. 옛사람의 나를 버리고, 3위 하나님의 생명으로 바꾸시기 위해 아픈 광야로 인도하신 분이 하나님이십니다. 나는 세례받을 때 이미 죽은 사람이 되었다고 자꾸 선포하십시오.

5. 15~18장 5대광야 : 하나님을 찾아가는 과정 즉 구원의 여정입니다

> 출 14:13 모세가 백성에게 이르되 너희는 두려워하지 말고 가만히 서서 여호와께서 오늘 너

희를 위하여 행하시는 구원을 보라 너희가 오늘 본 애굽 사람을 영원히 다시 보지 아니하리라

* 5대 광야에서 경험하는 불편한 문제들
: 나를 내려놓고(세례) 그리스도를 사는 삶의 훈련장
광야의 과제는 주님께 집중(포커싱), 주권 인정(로드십)입니다. 이 광야로 이끄시는 분이 하나님이심을 인정하고 신뢰, 수용, 감사, 순종(컨커런스)로 생각과 마음을 다스려야 합니다. 광야는 내가 붙잡고 익숙하게 살아가고 있는 우상, 거짓 신념들, 나의 옛사람을 버리고 3위 하나님을 경험하도록 인도해 주시는 훈련의 과정입니다.

세례받은 자의 삶에서의 훈련이 15~18장의 5대 광야입니다.
하나님은 어떤 의도로 나를 이 광야로 이끌고 계십니까?
매번 어려움을 느낄 때마다 스스로에게 질문하십시오(코칭 질문이 유용합니다).
문제 앞에 설 때마다 나 자신은 거절하고, 3위 하나님을 만나야 합니다.
'자기 부인의 훈련'이 구원받은 자의 삶에 광야를 배열하신 목적입니다.
매일 나는 버리고, 3위 하나님께로 더욱 가까이 가는 삶이 우리 인생의 신앙 여정입니다. 목표(goal)는 3위 하나님, 자세(attitude)는 세계입니다.

1) 수르 광야 : 문제가 꼬일 때 십자가를 적용하고 기준으로 돌아가라 / 성자 예수님께 집중

기대했던 일들이 어그러질 때마다 마음이 편안하지 않을 때마다 상황을 자세히 살핍니다.

○ 왜 마음이 상합니까? 무엇을 기대했습니까?
○ 이 상황으로 이끄신 하나님의 기대는 무엇일까요?

어차피 광야는 내가 원하는 환경으로 가지 않습니다. 그냥 하나님의 행하시는 일들을 바라보십시오. 원하는 대로 안 되면 실망, 불편한 감정들이 올라올 수 있습니다. 나의 기대치를 내려놓고 하나님의 인도하심을 신뢰하십시오. 기대가 무너질 때마다 말씀의 기준을 이탈한 것을 회개 기도하고 하나님의 기대로 방향 전환합니다.
기준, 원칙이 없이 살면 계속 원망, 불평하게 됩니다. 나무를 집어넣어 십자가를 적용함은 회개를 말씀합니다. 곧 하나님의 원칙, 하나님의 기준으로 돌아서는 행위입니다. (말씀에 집중, 성자 예수님을 만남)

성경공부는 하나님의 원칙을 찾아서 돌이켜 그 말씀대로 살아갈 수 있도록 훈련하는 것입니다.

회개는 1회적이면서 계속 지속되어야 합니다. 우리가 누룩을 허용하면 언약을 위반하는 경우가 됩니다. 언약 밖으로 나가지 마십시오. 누룩이 발견되면 바로 털어버리십시오.

2) 신 광야 - 기초(경제, 건강, 가족)가 무너졌을 때 공급자 성부 하나님을 찾으라

○나는 어떤 때 삶의 의욕을 잃어버립니까?
○나는 무엇으로부터 삶의 에너지를 얻습니까?

나의 삶에 힘을 공급해 주는 돈, 건강, 가족, 마음이 무너져 바탕이 흔들릴 때 말씀의 양식 공급이 원활하게 되고 있는지를 살핍니다. 나의 새로운 공급자는 하나님이십니다.

먹어야 힘이 옵니다. 경제가 나의 힘이 아니라 말씀이 나의 힘입니다(신 8:2-3).

오늘의 위로의 말씀, 공급의 말씀을 구합니다. 가슴에 새기고, 암기하고, 기도합니다. 습관화되어 있는 다른 공급(TV, 인터넷, 유튜브, 게임, 광고/쇼핑, 음식, 불신자들의 모임)들을 조심합니다.

말씀 공급(성경, 경건 서적, QT, 말씀 공부, 예배, 증거, 간증, 말씀사역)이 나의 영적 삶을 지탱해 주는 힘이 되어야 합니다. 지금부터는 바로가 아닌, 혹은 광야의 땅을 경작해서 얻은 소득으로가 아닌 하나님이 나의 새로운 공급자이십니다. 땅에서의 공급이 아닌 위로부터의 공급입니다.

하나님께 집중한다는 것은 하나님을 이른으로 모시는, 첫 것을 드리는 예배의 삶입니다. 마음을 다하고 목숨을 다하여 드리는 예배여야 합니다(예배에 집중 - 성부 하나님을 만남).

제단에 불이 꺼지지 않도록 하는 것이 제사장의 섬김입니다.

내가 제사장이라고 생각한다면 매일 예배해야 합니다(조석으로 드렸던 상번제). 예배를 소홀히 하지 마십시오(출 29:41-42, 민 28:1-8).

> 레 6:12 제단 위의 불은 항상 피워 꺼지지 않게 할지니 제사장은 아침마다 나무를 그 위에서 태우고 번제물을 그 위에 벌여 놓고 화목제의 기름을 그 위에서 불사를지며
> 6:13 불은 끊임이 없이 제단 위에 피워 꺼지지 않게 할지니라

"하나님이 나의 공급자이기에 예배에 집중하겠습니다."
예배가 살면 사람이 살아납니다. (5대 제사 스피릿으로 드리는 예배)

죄인으로 에덴에서 쫓겨난 아담과 하와가 무슨 재주로 거룩하신 하나님을 만날 수 있겠습니까?
그 불가능을 하나님께서 해결해 주셨습니다. 곧 제물로 제사를 드리도록 제단을 허락하신 일입니다.
신약에서는 예배를 의미합니다. 예배는 우리에게 하나님을 만날 수 있도록 배려해 주신 은총입니다. -깃발론
"성부 아버지 하나님을 만나고 싶은가? 정성을 다하여 예배에 임하라."
예배 중에 그 임재를, 그 거룩한 영광을 찾으십시오. 성부 하나님을 아빠로 만날 수 있는 친밀감을 기대하고 신앙 안으로 정진하십시오.

3) 르비딤 광야 : 계속 문제가 일어납니까? 계속 갈증이 있습니까? 기쁨을 잃어버렸습니까? 르비딤 광야의 목마름입니다. (기도에 집중) / 성령님과의 만남

○ 나는 삶에 중대한 문제가 생길 때 어떤 방식으로 문제를 풀어 갑니까?
○ 나의 기쁨, 행복은 어디에서 옵니까?

인생이 무의미하고 지치며, 실망스럽고 갈등하며, 좌절이 되고, 의욕이 상실될 때가 있습니다. 갈증이, 피곤함이 해갈될 때까지, 동력이 올 때까지 기도로 승부해야 합니다. 기도로 성령님의 동행하심과 능력을 경험하기를 갈망하십시오.
성령의 생수, 갈증이 해갈될 때까지 작정기도, 금식기도, 산기도, 골방기도, 정시기도, 무시기도 등을 통해 생수를 공급해 주시는 성령님을 사모합니다. - 행복한 기쁨의 생활, '항쉬범'의 점검(살전 5:16-18)
문제가 생길 때 먼저 사람을 찾아가지 않고, 인간적인 방법을 모색하지 않고 기도로 성령님의 도우심을 요청하십시오. 다른 방법으로 갈증을 해갈하면 다시 재시험을 위한 비슷한 문제가 옵니다. 그 과정에서 경험해야 할 성령님과의 만남의 과제가 있기 때문입니다. 그것은 르비딤은 기도하라고 요청하시는, 성령님의 기름 부음을 경험하라고 부르시는 하나님의 부르심이기 때문입니다. 목마릅니까? 기도에 더욱 집중하십시오. 행복하지 않습니까? 날마다 성령님과 교통하는 훈련을 통하여 우리는 '항쉬범'할 수 있습니다.

4) 아말렉과의 전쟁 : 나는 제사장으로 성장하여 다른 사람을 중보, 중재할 수 있어야 합니다. 함께 하는 중보팀이 있습니까? / 제사장권 훈련

○나는 모아홀 중보팀이 있습니까?
○제사장 네트워크 - 나의 모세는, 나의 아론은, 나의 훌은 누구입니까?
○나는 여호와의 군대에서 어느 역할을 맡고 있습니까? 거기에 걸맞는 훈련을 받고 있습니까?

사람 원수를 만났을 때 기도의 동역자를 찾는 일이 중요합니다.
구속사에 대항하는 원수 짓은 절대로 하지 않겠습니다. 아군폭격(Friendly fire) 금물
함께 기도하는 중보팀을 결성하십시오.
현장에서 싸우는 여호수아와 여호와의 군대를 기도로 돕는 모아홀 중보팀(모아홀 중보팀 : 모세 아론 훌)을 사모하십시오. 협력자(칭지격동), 합심 기도, 소그룹, 일대일 현장이 있는 실제적인 기도가 힘이 됩니다.
기도 제목을 나누면서 그리스도의 몸을 세워 갑니다.

5) 시내 광야 : 지도자의 한계가 드러날 때 비난하거나 공격하지 말고 드림팀을 만들어 목자의 약점을 보완하십시오. 그리스도의 몸 세우기를 시도하십시오. / 왕권 훈련

○내가 섬기고, 동역하고, 몸을 만들어 가는 목자와 양은 누구입니까?(구속사 시스템)
○나는 그와 어떤 교제, 어떤 교통을 갖고 있습니까?
○그와 함께 그리스도의 몸을 세워 간다고 말할 수 있습니까?

목자와 함께 구속사를 위하여, 하나님 나라를 위하여 한 몸으로 부르심을 받았습니다.
그리스도의 몸을 세워 가기(출 25-40장, 롬 12-16장)
구속사를 위해 왕권 네트워크가 필요합니다. - 조직과 전략
나의 왕권(에너지, 스팩, 돈, 건강, 인맥)들은 구속사, 하나님 나라를 위하여 쓰이고 있다고 말할 수 있습니까?(청지기로서)
지도자, 목자, 리더십과 함께 교회, 구속사, 하나님 나라를 건설하며 몸을 세워 가는 삶을 삽니다.
사랑은, 은혜는 모두에게 공평하게 주시나 그리스도의 몸인 교회를 세워 가는 일은 드림팀이 합니다.

"목자를 도와 드림팀을 만들겠습니다. 구속사를 위하여 나의 생애를 드립니다."
그리스도의 몸을 이루어 가는 일을 해야 합니다. - 그리스도의 몸 세우기는 만세로부터, 만대에 걸쳐서 갖고 계신 하나님의 비밀, 경륜입니다.

> 엡 3:9 영원부터 만물을 창조하신 하나님 속에 감추어졌던 비밀의 경륜이 어떠한 것을 드러내게 하려 하심이라
> 3:10 이는 이제 교회로 말미암아 하늘에 있는 통치자들과 권세들에게 하나님의 각종 지혜를 알게 하려 하심이니
> 3:11 곧 영원부터 우리 주 그리스도 예수 안에서 예정하신 뜻대로 하신 것이라

내가 섬기는 나의 1:1 짝이 나와 '함께 상속자, 함께 지체, 함께 약속에 참여하는 자'가 되도록 섬기고 있습니까?

> 엡 3:6 이는 이방인들이 복음으로 말미암아 그리스도 예수 안에서 함께 상속자가 되고 함께 지체가 되고 함께 약속에 참여하는 자가 됨이라

우리 만남의 비밀은 몸을 세워 가기(교회) 위함입니다.

> 엡 4:9 올라가셨다 하였은즉 땅 아래 낮은 곳으로 내리셨던 것이 아니면 무엇이냐
> 4:10 내리셨던 그가 곧 모든 하늘 위에 오르신 자니 이는 만물을 충만하게 하려 하심이라
> 4:11 그가 어떤 사람은 사도로, 어떤 사람은 선지자로, 어떤 사람은 복음 전하는 자로, 어떤 사람은 목사와 교사로 삼으셨으니
> 4:12 이는 성도를 온전하게 하여 봉사의 일을 하게 하며 그리스도의 몸을 세우려 하심이라

6. 19~24장 시내산 : 십계명-사랑의 실천, 성막 건축에 대한 명령
하나님의 뜻 - 율법 - 율법의 완성 : '사랑'

마태복음 22:36~40 어느 계명이 제일 크니이까? - 마음, 목숨, 뜻을 다하여 사랑하라.
사랑은 율법의 완성입니다. - 하나님 사랑, 가족 사랑, 이웃 사랑, 자기 사랑
레위기 19:18의 말씀을 십계명에 붙여서 말씀하셨습니다.

자기 사랑이 중요합니다. 매일 계획한 매일의 십계명을 실행하라(하나님 사랑, 가족사랑, 이웃사랑, 자기 사랑).
율법과 십계명을 하나로 정리하면 '사랑'입니다. (613가지의 율법→시내산→십계명)
로마서 13:8~10 사랑은 율법의 완성입니다. 사랑의 인생을 살면 율법을 완성하며 사는 사람입니다.

> 롬 13:8 피차 사랑의 빚 외에는 아무에게든지 아무 빚도 지지 말라 남을 사랑하는 자는 율법을 다 이루었느니라
> 13:9 간음하지 말라, 살인하지 말라, 도둑질하지 말라, 탐내지 말라 한 것과 그 외에 다른 계명이 있을지라도 네 이웃을 네 자신과 같이 사랑하라 하신 그 말씀 가운데 다 들었느니라
> 13:10 사랑은 이웃에게 악을 행하지 아니하나니 그러므로 사랑은 율법의 완성이니라

7. 25~40장 성막 건축

성막 건축 - 아버지의 거처, 성령님의 전, 우리 주님의 몸으로 세워지기 : 단순 ⇨ 반복 ⇨ 지속 ⇨ 습관 ⇨ 인격 형성(엡 2:20-22)
이스라엘 백성들을 성전으로 세우시려고 출애굽 구원을 주셨다고 말씀합니다.

> 출 15:13 주의 인자하심으로 주께서 구속하신 백성을 인도하시되 주의 힘으로 그들을 주의 거룩한 처소에 들어가게 하시나이다
> 15:17 주께서 백성을 인도하사 그들을 주의 기업의 산에 심으시리이다 여호와여 이는 주의 처소를 삼으시려고 예비하신 것이라 주여 이것이 주의 손으로 세우신 성소로소이다

우리를 하나님의 집, 성전으로 세우시기 위해서 구약에서는 모세가, 신약에서는 예수님께서 사역하셨습니다(히 3:2-6).
하나님께서 설계하신 대로, 하나님이 거하실 집을, 우리 자신이 건축해야 합니다(출 25:8-9).

1) 자기 내면의 건축 - Intro calling

히 3:1 그러므로 함께 하늘의 부르심을 받은 거룩한 형제들아 우리가 믿는 도리의 사도이시며 대제사장이신 예수를 깊이 생각하라
3:2 그는 자기를 세우신 이에게 신실하시기를 <u>모세가 하나님의 온 집에서 한 것과</u> 같이 하셨으니
3:3 그는 모세보다 더욱 영광을 받을 만한 것이 마치 집 지은 자가 그 집보다 더욱 존귀함 같으니라
3:4 집마다 지은 이가 있으니 만물을 지으신 이는 하나님이시라
3:5 또한 모세는 장래에 말할 것을 증언하기 위하여 하나님의 온 집에서 종으로서 신실하였고
3:6 <u>그리스도는 하나님의 집을 맡은 아들로서 그와 같이 하셨으니</u> 우리가 소망의 확신과 자랑을 끝까지 굳게 잡고 있으면 <u>우리는 그의 집이라</u>

모세의 성막 건축은 장차 오실 예수님의 성전 건축을 위한 예표였습니다. 예수님의 구속사역(십자가, 부활, 승천)은 성전건축을 위함입니다(요 2:19-22). 구약에서는 보이는 성막을, 신약에서는 우리 자신 안에 성전을 건축하십니다(고전 3:16-17, 6:19-20).

2) 1:1이나, 사람을 돕는 일, 사역들은 그들 안에 성전 건축을 돕는 일입니다.
   - Extro calling

전도, 선교, 양육 등 사역의 모든 목적은 그들의 인생 속에 성막, 성전을 건축해 드리는 일입니다. 그 안에 3위 하나님께서 거하시는 거처가 되도록 돕는 일입니다.

3) 우리 안에 성전을 건축하는 매일의 과정-성막 예배, 성막 기도문을 통하여 우리는 매일 예배, 매일 교통의 삶을 드릴 수 있습니다

① 뜰 : 씻기(피와 물의 씻음-회개와 자기-부인) - 아담이 가져온 거짓 자아 버리기
② 성소 : 공급받기(말씀, 기도, 예배로) - 나를 비운 그 빈 자리에 3위 하나님으로 채우기
③ 지성소 : 교통하기(시은좌, 그룹, 언약궤) - 3위 하나님과 교통하기
④ 언약궤 : 감추인 만나, 아론의 싹난 지팡이, 돌비의 언약 - '나는 하나님을 닮은 하나님의 형상입니다'
⑤ 왕 같은 제사장의 자격으로 섬기고, 사역하기(Extro calling) - '나는 3위 하나님의 대행자입니다'

우리가 외부 사역을 하기 전에 먼저 내면의 성전을 건축하는 일(예배)이 중요합니다. 제사장들이 자신의 제사를 먼저 드리기 위해 성소의 향단까지 나아가서 하나님께 향연을 올려드리고 나와서 백성들의 제사를 도왔던 사역을 주의해 보아야 합니다.

예) 홉니와 비느하스 : 사무엘상 4장 참조

그들이 법궤를 메고 나가 블레셋과 전쟁하는 일(Extro calling)보다 더 중요한 일, 먼저 해야 할 일이 하나님 앞에서 경건하게 사는 일, 곧 거룩한 예배(Intro calling)였습니다. 그러나 그들은 법궤만 있으면 하나님께서 이 전쟁을 승리로 이끌어주실 것이라 확신했습니다.

그들의 믿음은 너무나 자신감이 넘쳤습니다. 그러나 그들은 하나님께서 먼저 무엇을 원하시는가를 묻지도 않았고, 거절하고 하나님을 경멸했습니다(삼상 2:30).

그들은 예배를 섬기는 제사장의 거룩을 상실한 상태였습니다. 하나님의 임재, 동행이 없이 치루는 전쟁은 참패를 당하고 이스라엘 보병이 3만 명이나 죽는 비극을 경험했습니다. 그 전쟁에서 자신을 정결하게 단장하지 못하고 사역을 했던 제사장 홉니와 비느하스는 하나님의 심판을 받아 죽었고 법궤는 빼앗기게 되었습니다. 혹시 나의 사역의 현장이 경건의 능력은 잃고, 경건의 모양만으로 유지되고 있는 상황은 아닌지 영적으로 늘 깨어 살펴보아야 합니다.

먼저 내면이 하나님의 성품으로 거룩하게 건축된 상태에서 그 기름부음을 밖으로 다른 사람의 예배(성전 건축)를 돕는 일에 도움을 드려야 합니다(외부사역).

내가 3위 하나님을 만난 삶의 간증을 먼저 가져야 합니다. 방법은 수르 광야(성자), 신 광야(성부), 르비딤 광야(성령)를 통과하는 원리 안에 있습니다. 신비 현상이나 특별한 체험으로서가 아닌 우리 삶의 일상에서 3위 하나님을 만날 수 있어야 합니다. 그 후에 제사장으로서 중보자가 될 수 있고, 몸의 건축을 위해 목자와 함께 드림팀을 만들어 구속사를 위해 헌신할 수 있습니다.

4) 그리스도의 몸으로서의 섬김

> 엡 2:21 그의 안에서 건물마다 서로 연결하여 주 안에서 성전이 되어 가고
> 2:22 너희도 성령 안에서 하나님이 거하실 처소가 되기 위하여 그리스도 예수 안에서 함께 지어져 가느니라

혼자서는 안 됩니다. 혼자로서는 불가능하기에 몸인 교회를 주셨습니다. 매일 혹은 매주 1회 이상 서로 삶을 나누십시오. 공유하면서 서로 지지하고 격려해야 합니다. 그러나 자신을 오픈한다는 것은 쉽지 않습니다. 알리면 불편한 사항은 종이로 가리고 공유해도 됩니다. 일을 같이 하고 싶어하는 사람은 많으나, 함께 힘쓰고 애써 서로를 도와 내면화 작업을 하는 사람들은 적습니다.

언약을 떠나지 말아야 합니다. 교회는 언약 공동체입니다. 하나님 앞에서의 언약, 사람과의 언약을 소홀히 하면 엄청난 손해를 봅니다.

> 히 3:13 오직 오늘이라 일컫는 동안에 매일 피차 권면하여 너희 중에서 누구든지 죄의 유혹으로 완고하게 되지 않도록 하라

공동체를 의지, 신뢰하십시오. 나 홀로 부르시지 않고 가정으로, 공동체로, 교회로, 나라로 부르셨습니다.

제2강

아침—깨어나는 기도
저녁—성찰하는 일기

광야를 통과하는 기도의 원리

광야 훈련을 받고 있는 오늘 우리에게 기도의 의미는 무엇입니까?
광야는 하나님께서 우리를 가나안으로 인도하기 위하여 예비하신 환경입니다. 우리가 열심히 기도한다고 해서 바뀔 상황이 아닙니다. 또 나의 변화도 급하게 진행되지 않습니다. 오히려 우리는 이 광야로 이끄시는 하나님의 의도가 무엇인지를 찾아 그 목적과 뜻을 이루도록 기도해야 합니다.
이것을 '언약을 붙잡고 기도하라', '말씀으로 기도하라'라고 표현할 수 있습니다. 자신의 생각, 욕망, 갈망이 아닌 이 사건, 이 환경 속에 나타난 하나님의 뜻을 따라 기도하여야 광야로 인도하신 목적이 이루어집니다.

광야 훈련
* 수르 광야 : "나의 기대치를 내려놓고 하나님의 기준으로 돌아가라." - 말씀을 통하여 그리스도를 만남 / 회개, 말씀으로 돌아가는 훈련
* 신 광야 : "너의 양식의 공급은 바로 왕, 애굽, 너의 수고를 통해서 얻는 게 아니다. 하나님께서 너의 새로운 공급원이시다. 그분을 따르고, 섬기고, 예배하라. 참 공급자에게 집중하고 주되심을 인정하고 따르라." - 나의 공급자이신 아버지를 만남 / 예배 훈련
* 르비딤 광야 : "목마르거든 생수의 근원되신 예수님을 찾아 성령을 구하라." - 생수이신 성령님과 교통함 / 기도 훈련
* 아말렉 원수 : "대적자를 만나거든 모아훌 중보팀으로 그를 맞서라. 너는 누구와 기도 짝을 이루어 이 영적 전쟁을 치르고 사느냐?" / 제사장 훈련
* 시내광야 : "리더십, 그리스도의 몸, 하나님의 왕국을 세워가기 위해 목자와 협력하라." / 왕권 훈련

자신의 욕망이나 갈망이 아닌 말씀, 아버지의 뜻대로 이루시기를 원하는 기도로 나아가야 이 광야가 풀립니다. 이 문제들을 해결 못하면 38년 연장 수업을 할 수도 있습니다.

1. 나의 정체성, 위치 점검

1) 유월절 통과자 : 누룩, 죄를 버린 자, 우상숭배, 하나님의 심판으로부터 벗어난 새로운 신분, 새로운 존재가 됩니다.
2) 홍해를 건넌 자 : 자기 중심에서 하나님 중심으로 전환, 주권 이양, 구름기둥, 불기둥의 인도대로 그냥 따라가기만 하면 됩니다.
3) 광야를 살며 훈련해야 할 자 : 하나님의 이끄심을 따라가며 훈련받는 삶이 광야의 여정입니다.

거부하거나, 불신하거나, 불평하지 마십시오. 신뢰, 수용, 감사, 순종하십시오.
개인의 필요나, 야망, 탐심이 주가 되어서는 안 되고(거짓 자아 버림), 하나님께서 우리에게 주신 말씀, 언약을 이루기 위해 드리는 내용이 기도의 주된 내용이 되어야 합니다(참자아 찾아감).
기복적 기도, 자신의 필요를 따라 요구하는 기도에서 하나님과의 언약 중심의 기도, 관계 중심의 기도로 성숙해 가야 합니다. 광야는 거짓 자아를 추구함에서 참 자아를 추구함으로 바뀌는 거듭남의 현장입니다.
○ 광야 길로 이끄신 하나님의 뜻을 이해하고 우리를 인도하시는 대로 잘 따라가기 위해 기도해야 합니다.
"틀림없이 무슨 뜻이 있을 거야~~"
"무엇을 돕기 위해 이리로 인도하셨을까?"

2. 훈련의 필요성 : 가나안 땅의 상속자, 대행자로서 키워가기 위해

우리를 이끌어가신 출애굽의 여정은 하나님이 정하시고 인도하십니다. 뒤돌아보면 내가 원하는 삶이 아닌 아버지께서 의도하신, 전적으로 수동적인 삶이었음을 확인합니다. 그 의도하신 목적이 이루어져야 합니다. 이 광야로 이끄신 하나님의 의도를 알고 신뢰하고 순종하는 게 중요합니다. 내 환경이 바뀌기를 기대하지 말고, 왜 이리로 인도하셨는지를 자꾸 물어야 합니다. 나를 이 환경으로 이끄신 아버지의 의도를 깨달아 그 뜻이 이루어지도록 기도하는 일이 중요합니다. 가는 길이 가나안으로의 여정입니다. 반드시 거쳐야 할 과정들이 있습니다. ('성화'로 가는 길) 그걸 깨닫고 수용하는 일이 중요합니다.

3. 어려운 광야의 상황을 만났을 때 드렸던 응답들

1) 모세의 기도 : 하나님의 인도하심에 대한 신뢰, 수용, 감사, 순종
2) 백성들의 반응 : 원망, 불평 : 자기 기대치, 자기 주권, 대적 - 자신의 욕망이 남아있기 때문입니다(거짓 자아).
3) 오늘 광야를 사는 나의 일상의 반응은 어떠합니까?

가나안으로 가는 길 : 언약으로 매일을 강화, 확장하기(구속의 여정)
-언약 : 편무 언약, 쌍무 언약

1. 유월절 언약(12장)—누룩을 버렸습니까?: 죄의 문제 해결

- 나 사전 준비 : 죄(누룩) 버리기
- 하나님의 지시 사항 실천 : 어린양이 대신 죽음으로 우리의 죄가 대속 받음
- 이것은 언약입니다. 만약 모르고 하지 못했다면 다시 언약을 맺으면 됩니다.
- 내가 스스로의 힘으로 누룩, 죄의 문제를 해결하지 못할 때는 신뢰, 의지, 기도로 풀어나가면 됩니다.
- 하나님의 원칙이 있습니다. 출애굽기 12:15, 19, 13:6~7 어린양의 대속 전에 우리의 마음 자세는 누룩을 버리는 일입니다.

> 출 13:6 이레 동안 무교병을 먹고 일곱째 날에는 여호와께 절기를 지키라
> 13:7 이레 동안에는 무교병을 먹고 유교병을 네게 보이지 아니하게 하며 네 땅에서 누룩을 네게 보이지 아니하게 하라

예수님은 죄 문제의 해결을 위해 오셨습니다. 이 죄가 우리를 사망, 심판으로 끌고 가기 때문입니다. 그러나 아무리 도와주시려 해도 만약 우리가 누룩을 거절할 의지를 갖고 있지 않다면 피의 효력은 점점 약화될 수밖에 없습니다. 대신에 우리가 누룩을 버리고, 피를 바르면(회개기도) 주님은 우리 죄를 사해 주십니다. 언약이기 때문입니다. 가나안으로 가는 길이 열립니다. 광야 훈련의 환경에서도 '항쉬범'할 수 있습니다.

2. 홍해언약 (14장)—고린도전서 10:1~2 세례(침례) : 자기 부인

칭의 : 예수님이 돌아가시고 내가 살아나는 구원의 출발 단계(십자가) - 객관적 구원경험
성화 : 내가 죽고 예수님이 사시는 구원의 성숙 단계(부활) - 주관적 구원경험
○ 그리스도와의 연합 : 내가 죽으므로 내 속에 계신 예수 그리스도가 드러나심 → 거듭남의 삶
성화는 그리스도와의 연합입니다.

> 골 2:12 너희가 세례로 그리스도와 함께 장사되고 또 죽은 자들 가운데서 그를 일으키신 하나님의 역사를 믿음으로 말미암아 그 안에서 함께 일으키심을 받았느니라

세례를 설명하면서 그리스도와 함께 죽고, 함께 부활하는 '연합'을 5회나 강조하였습니다.

> 롬 6:3 무릇 그리스도 예수와 합하여 세례를 받은 우리는 그의 죽으심과 합하여 세례를 받은 줄을 알지 못하느냐
> 6:4 그러므로 우리가 그의 죽으심과 합하여 세례를 받음으로 그와 함께 장사되었나니 이는 아버지의 영광으로 말미암아 그리스도를 죽은 자 가운데서 살리심과 같이 우리로 또한 새 생명 가운데서 행하게 하려 함이라
> 6:5 만일 우리가 그의 죽으심과 같은 모양으로 연합한 자가 되었으면 또한 그의 부활과 같은 모양으로 연합한 자도 되리라

나죽예사(갈2:20)

> 갈 2:20 내가 그리스도와 함께 십자가에 못 박혔나니 그런즉 이제는 내가 사는 것이 아니요 오직 내 안에 그리스도께서 사시는 것이라 이제 내가 육체 가운데 사는 것은 나를 사랑하사 나를 위하여 자기 자신을 버리신 하나님의 아들을 믿는 믿음 안에서 사는 것이라

주흥나쇠(요 3:30)

> 요 3:30 그는 흥하여야 하겠고 나는 쇠하여야 하리라 하니라

3. 시내산 언약(19-24장) : 십계명 - 하나님사랑, 가족사랑, 이웃사랑, 자기사랑

사랑의 실천은 율법의 완성입니다.

> 롬 13:8 피차 사랑의 빚 외에는 아무에게든지 아무 빚도 지지 말라 <u>남을 사랑하는 자는 율법을 다 이루었느니라</u>
> 13:9 간음하지 말라, 살인하지 말라, 도둑질하지 말라, 탐내지 말라 한 것과 그 외에 다른 계명이 있을지라도 <u>네 이웃을 네 자신과 같이 사랑하라 하신 그 말씀 가운데 다 들었느니라</u>
> 13:10 사랑은 이웃에게 악을 행하지 아니하나니 그러므로 <u>사랑은 율법의 완성이니라</u>
> 요 13:34-35 새 계명을 너희에게 주노니 서로 사랑하라 내가 너희를 사랑한 것같이 너희도 서로 사랑하라
> 13:35 너희가 서로 사랑하면 이로써 모든 사람이 너희가 내 제자인 줄 알리라

광야 훈련의 여정을 통해 내게 나타나는 변화의 모습들

유월절 언약 : 자신의 내면 성찰(예수님을 구주로 믿고, 받아들임) / 신분이 바뀜
홍해 언약 : 하나님께 주권 올려 드림(그리스도의 주 되심을 고백) / 주인이 바뀜
시내산 언약 : 이웃 사랑, 나를 통하여 영혼들이 세워지고 살아남. 이 땅에 하나님 나라를 건설하는 왕 같은 제사장으로 살아감 / 삶의 목적 : 삶, 행동, 사역, 살리는 생명의 부양자, 생명의 성령의 사람으로 바뀜
3대 언약을 기억하십시오. 이는 언약입니다. 우리가 성실하게 매일 응답해야 할 약속들입니다. 매일 자신의 정체성을 자신에게 크게 선포해 주십시오.
"나는 하나님의 형상이요, 대행자입니다. 나는 성령으로 이 땅에 파송된 왕 같은 제사장입니다." / Sonship, Kingship

※ 복음 선포로 아침을 시작하기
아침에 일어나자마자 '원복'을 온 마음으로 선포합니다.

○십자가 : "예수님의 십자가의 은총으로 오늘 하루를 살게 하옵소서"
나는 오늘도 십자가의 은총으로 하루 일과를 시작합니다.

예수님의 피를 나의 삶에, 나의 존재 위에 바릅니다.
나의 감정에, 생각에, 의지에, 행동에 십자가의 보혈을 바릅니다.
오늘 내가 가는 길에 예수님의 피를 뿌립니다.
만나는 사람들과의 장소, 상황에 피를 뿌립니다.
십자가의 보혈로 나를 보호해 주십시오.

○ 부활: "오늘도 내가 죽고 그리스도가 사시는 거듭난 부활의 삶을 살게 하옵소서"

주님 오늘도 나의 십자가를 지고, 주님의 뒤를 따르고 싶습니다.
나는 쇠하고 주님이 흥왕하시도록 오늘 하루를 살게 해주십시오.
나의 귀에 피를 바릅니다(출 29:20).
주님의 말씀을 듣고 행하게 하옵소서(마 7:24).

1번 십자가에서는 예수님이 죽으시고 - 칭의 단계
2번 자기 십자가에서는 내가 죽습니다. - 연합, 성화의 시작
내가 죽어야 십자가, 부활, 승천 안으로 연합됩니다.
내가 죽고 주님이 사시는 단계가 부활의 '성화 단계'입니다.

○ 승천 : "주님, 저는 주님과 함께 하늘에 오른 자입니다. 오늘도 성령으로 살게 하옵소서"

> 골 3:1 그러므로 너희가 그리스도와 함께 다시 살리심을 받았으면 위의 것을 찾으라 거기는 그리스도께서 하나님 우편에 앉아 계시느니라
> 3:2 위의 것을 생각하고 땅의 것을 생각하지 말라
> 3:3 이는 너희가 죽었고 너희 생명이 그리스도와 함께 하나님 안에 감추어졌음이라

성령 받아서 주님의 대행자로 살아야 합니다. 성령의 기름 부으심을 힘입어 살리는 일을 합니다. 하나님 사랑, 가족사랑, 이웃 사랑, 자기 사랑, 사랑은 율법의 완성입니다.

* 아침에 일어나자 마자 복음 선포(원복선포)를 합니다.
십자가, 부활, 승천을 나를 향해 선포합니다.

"십자가의 보혈로 나를 덮어 주시고, 우리 주님의 생명으로 거듭남을 살아내게 하옵소서. 오늘 승천한 자로서 존귀하게 살게 해주십시오. 만나는 사람마다 성령으로 살리게 하옵소서."

○아침, 3줄 선포 기도

1. 오늘도 나는 예수님의 십자가를 사랑합니다. 나의 가는 길에 십자가의 보혈을 바릅니다.
2. 오늘도 나죽예사(나는 죽고, 예수님은 사시는…), 주흥나쇠(주님은 흥하고, 나는 쇠하는…)를 선포합니다.
3. 예수님과 함께 하늘에 오른 나는 오늘도 존귀한 하루를 살게 하옵소서. 만나는 사람마다 성령으로 살리는 일을 하게 하옵소서.

※ 저녁을 마감하는 성찰 기도—3대 언약으로 3줄 일기 쓰기

매일 마감하는 시간에 저널링 일기 쓰기를 합니다. 저녁에는 하루의 삶을 마무리합니다. 3대 언약을 세줄 일기로 정리해 봅니다.

○유월절 언약 : 오늘 내게 혹 누룩이 있었는지 확인하고 주님께 올려드립니다

누룩 처리 확인 - 만약 오염시키는 누룩이 있었다면 버리고, 회개 기도합니다.
예수님의 피 안에, 언약 공동체 안에 있었는지 점검합니다.
새로운 하늘의 양식으로 공급받았습니까?
여호와의 군대로 우뚝 서셨습니까?

○홍해 언약 : 세례(자기부인) - 오늘 나의 주장, 나의 고집, 나의 왕국 세우고 살았는지 점검합니다

나는 쇠하고 주님을 높여 드렸습니까? 하루일과를 복기해 봅니다.
오늘 내가 살았습니까, 주님이 사셨습니까?
나의 의견, 나의 감정, 나의 행동 등 그렇다면 나의 왕국입니다.
나는 쇠하고 주님이 흥하셨습니까? 나는 말에나 일에나, 만남에서나 나의 주, 나의 하나님을 말하고 드러내기를 기뻐했습니까? 예수님 이야기를 많이 하였습니까?

갈 2:20 … 이제는 내가 사는 것이 아니요 오직 내 안에 그리스도께서 사시는 것이라 …

1:16 ... 그를 내 속에 나타내시기를 기뻐하셨을 때에 ...

○ **시내산 언약 : 십계명(이웃사랑) - 오늘 나를 통하여 생명들이 살아났는가 점검합니다**

나는 오늘 사랑을 실천하고 살았는지 확인합니다.
말씀의 성취, 율법의 완성인 사랑에 마음을 기울인 하루였습니까?
오늘 성령으로 몇 사람 살렸습니까?

'오늘, 지금, 여기'가 중요합니다. - '현존하는 하나님 나라', '예수님의 임재'를 지금, 여기에서 경험하기

히 10:24 서로 돌아보아 사랑과 선행을 격려하며
10:25 모이기를 폐하는 어떤 사람들의 습관과 같이 하지 말고 오직 권하여 그날이 가까움을 볼수록 더욱 그리하자

매일, 서로 권면하여, 피차 돌봐줄 수 있는 지체, 소그룹이 있어야 합니다.
죄의 강퍅함으로부터 서로 보호해 줘야 합니다. 이것이 지체로, 몸으로 살아가는 교회의 주요 기능 중 하나입니다.
이것이 유월절 언약 시 드렸던 '피 바른 언약 공동체 안에 있기'입니다.
매일 우리가 성령으로, 기도로 이 3가지 언약을 실천할 수 있다면 우리는 그리스도와 연합한 자, 그리스도 안에 있는 자로 살아가고 있음을 확인할 수 있습니다.

롬 8:1 그러므로 이제 그리스도 예수 안에 있는 자에게는 결코 정죄함이 없나니
8:2 이는 그리스도 예수 안에 있는 생명의 성령의 법이 죄와 사망의 법에서 너를 해방하였음이라

거짓 자아를 벗기가 쉽지 않습니다.
매일 거짓 자아를 벗고, 참 자아를 추구하는 우리의 순례자 여정입니다.
매일 유월절 언약 안에 있는 자, 구원받은 자로서 그 원칙, 언약 안에 있는지를 확인해야 합니다.
"아침에는 세줄 기도, 저녁에는 세줄 일기", 깨어 있는 일이 어렵지 않습니다.

고후 13:5 너희는 믿음 안에 있는가 너희 자신을 시험하고 너희 자신을 확증하라 예수 그리스도께서 너희 안에 계신 줄을 너희가 스스로 알지 못하느냐 그렇지 않으면 너희는 버림 받은 자니라

예1) 아침 원복 선포 기도, 저녁 3대 언약 성찰 일기

1. 십자가 : 나는 예수님의 십자가를 사랑합니다. 오늘도 그 피를 나의 몸에, 오늘 행할 일에, 장소에, 만나는 사람들에게 바릅니다.
2. 부활 : 나의 십자가를 사랑합니다. 오늘도 나는 죽고, 예수님이 사시는 부활의 삶을 살고 싶습니다(나죽예사, 주흥나쇠).
3. 승천 : 나는 예수님과 함께 하늘에 오른 자로(골 3:1-3) 오늘도 존귀한 하늘의 삶을 살게 해주옵소서.

1. 유월절 언약 : 김 집사가 자식 자랑할 때 시기, 질투의 누룩이 잠시 일어났으나 얼른 알아차리고 버리게 하심을 감사합니다.
2. 홍해 언약 : 그와의 만남에서 주님은 나의 주인, 나의 왕이심을 인정하고 잘 참고 칭찬격동을 잘하는 하루였음을 감사합니다.
3. 시내산 언약 : 오늘도 율법의 완성, 말씀의 성취를 위해 김집사를 찾아가 그의 아픔을 들어주고 마음을 만지는 사랑을 할 수 있도록 성령님께서 도와주셔서 감사합니다.

예2) 아침 선포 기도, 저녁 성찰 일기

1. 예수님의 십자가 : 십자가로 나를 이끄소서. 오늘도 그 보혈로 나를 보호하소서.
2. 나의 십자가 : ♪ 예수님의 십자가 이제는 나도 지고 ~~ ♫
3. 승천 : 사탄을 발아래서 상하게 하는 십자가(롬 16:20)를 가슴에 품고 나갑니다. 오늘도 원수로 발등상 되게 하는(히 10:12-14) 승리의 하루 되게 하소서.

1. 유월절 언약 : 누룩 버렸습니다(생각 조심). 피를 발랐습니다(언어 긴장). 언약 공동체 안에 있었습니다(셀모임).
2. 홍해 언약 : 성경공부 시간에 예수님 자랑, 예수님 이야기(간증)를 빵빵하게 하여 정말 행복한 하루였습니다.
3. 시내산 언약 : 셀원 한사람, 한사람이 얼마나 귀한지 함께 합심하여 중보기도할 때 셀장으로서 사랑의 마음이 철철 넘치는 느낌을 가졌습니다. 감사합니다. 주님!!!

제3강

광야 필터링 기록지 쓰기

1. 상황	힘든 상황을 자세히 기록하고 거기에서 사실, 생각, 감정을 구분한다.
2. 나의 반응(비비부불, 충탐해판-나의 옛사람) -'남 탓하기, 자기 비난하기' 민감하게 점검	1) 생각 : 자동적 사고-기대치에 근거한 2) 감정 : 나의 느낌-옛사람, 거짓 자아로부터 기인한 3) 나의 인지 오류-살아왔던 삶의 방식, 나의 원칙, 형성되어 있는 양육패턴, 기질, 습관, 문화적 익숙함에 근거한 (위의 자동적 사고에 떠오른 문장을 분석한다. 부록에 있는 인지오류표 참조) (비비부불 : 비난, 비판, 부정적인 생각, 불평, 충탐해판 : 충고, 탐색, 해석, 판단)
3. 내게 주신 법도와 율례 -하나님의 눈으로 바라보기	성경적 사고, 구속사 지향적 사고 : 판단하고 정죄하는 선악과 질서를 버리고 살리는 생명나무 질서로 나아가기
4. 필터링 작업	회개기도, 나의 문제 올려드리기 1) 출 12장 유월절 언약 확인하기 ① 누룩 버리기 ② 피 발린 언약 공동체 안에 있기 ③ 새로운 공급 - 양고기, 무교병, 쓴 나물, 떠날 준비 갖추기 ④ 여호와의 군대 - 아군 폭격 금지, 합당한 훈련 2) 출 13장 하나님께로 가까이 가는 '플러스 기도'- 나의 원복, 참 자아 찾아가기 ① 성부 하나님-주권을 드렸는가? 영광을 드렸는가?(vs 영광 가로채기) ② 성자 예수님-죄를 버렸는가? 계속 은혜의 공급이 있는가?(vs 누룩) ③ 성령님-소통했는가? 대화, 기도했는가?(vs 충동으로 행동하기) 3) 출 14장 홍해(세례) 언약: '마이너스 기도' - 거짓 자아 버리기 ① 육신의 정욕(성령님을 거스림, 갈 5:16-17, 24) - 육신의 생각 ② 안목의 정욕(성부 하나님을 거스림, 약 4:4, 롬 12:2) - 세상, 세속적 흐름을 따름 ③ 이생의 자랑(성자 예수님을 거스림, 요일 3:8, 약 4:7) - 죄성을 따름, 마귀적인 것을 즐김
5. 실행 작업	기도 시간 1) 구약 모델 : 번제단 위에 각을 떠서 기도로 올리기(100up 기도) 2) 신약 모델 : 십자가 아래 내 짐을 모두 넘겨드림(이미지로 실제 상황을 그려 보며 찬송가 370장 1절, 539장 1절 여러 번 부르면서). 3) 사죄의 은총을 갈망하며 잠시 고요히 기다리기. 4) 지금, 여기 현장 적용 : 신적 교환기도(내 아픔 드리고, 십자가에서 해결하신 항목 가져오기 사 53:5-6) 5) 기도 실행 : '언약을 붙잡고 기도하라'(나의 갈망이 아닌 아버지의 갈망을 생각하며 '출' 공부 내용 4가지 기도방법 중 1가지 선택하여 드림)

6. 감정변화체크	필터링 작업 기도 후 감정 변화 체크
7. 원복 회복지수	1) 십자가의 은총 : 죄와 사망을 벗어버림 2) 부활의 기쁨 : 변화, 거듭남의 은총 3) 승천의 존귀함, 상속자의 기쁨 회복 : 연합, 교통의 관계로 승화 4) 원복 회복의 은총을 요청하는 마무리 기도(100포 기도)
8. 사랑으로 십계명 언약 실천하기 (출 20:1-17, 마 22:37-40)	1) 하나님 사랑 2) 가족 사랑 3) 이웃 사랑 4) 자기 사랑 - 칭지격동(3칭)으로 사랑을 표현하기

강의 : '광야훈련 필터링' 기록지(19)

○ ○ ○ 목사

1. 상황	출애굽기를 공부했던 ○○집사로부터 딸의 상담을 요청받았다(사실). 첫 만남을 카페에서 하기로 했다(사실). 먼저 도착하여 기다리고 있는데(사실) ○○집사와 딸이 함께 잠시(생각) 후에 도착했다. 나의 자녀들 또래(생각)인 듯하여 교회 청년들을 대하듯 반말로(생각) 반갑게(느낌) 인사를 했다. 그런데 그의 딸이 인상을 찌푸리면서(느낌) 불쾌한 표정(느낌)으로 자리에 앉았다. 당황스러웠다(느낌).
2. 나의 반응	1) 생각 : 자동적 사고 -뭐지, 좀~~ 무례한데.. -개념없이 자랐구나.. 걱정된다. -아~~상담이 제대로 될 수 있을지.. 아~ 난감하다. 2) 감정 : 나의 느낌 불쾌함(10), 당황스러움(10), 실망감(10) 3) 인지 오류 첫 만남인데..상대방을 전혀 배려할 줄 모르네(과잉 일반화) 표정을 보니, 억지로 끌려 나온 게 틀림없어(선택적 추론) 이럴거면 뭐하러 나왔나..(이분법적 사고/파국적 예상) 하나를 보면 열을 안다고 전혀 기본이 안되어 있을 거야(비약적 단정, 당위 진술문, 꼬리표 달기(낙인찍기)) 상담을 잘해야 할 텐데(강박적 부담) 나이도 어린 것이 상담을 받으러 왔으면 올바른 태도를 취해야지(당위 진술문)

3. 내게 주신 법도와 율례	**성경적 사고, 구속사 지향적 사고** 상대방의 태도가 나의 기대와 다르다고 할지라도 개념없이 자란 것은 아닐 수 있지. 사람은 외모를 보고 판단하지만 하나님은 속사람을 보시는 분이다. 하나님의 눈으로 그를 바라보면 보이지 않던 것들이 보이게 될 것이다. 그럼에도 불구하고 상담받는 자리에 나온 걸 보면 변화에 대한 갈망과 문제를 해결하고 싶은 갈망이 있는 것 아니겠니? 나의 기대와 다른 태도에 대해 판단과 비판이 아니라 도움이 필요하다고 손을 내밀고 있는 그의 내면의 상태를 보는 것이 중요하다. 모든 만남이 구속사를 준비하는 훈련들이다. 예수님이 나의 죄와 연약함 때문에 십자가에서 죽고 나를 살리신 것처럼 이런 상황이 바로 예수님처럼 사는 '자기 부인의 삶'을 연습할 수 있는 때이다.
4. 필터링 작업	**회개기도, 나의 문제 올려드리기** 1) 출 12장 유월절 언약 확인하기 ① 누룩 버리기 : 아직도 내려놓지 못한 자신의 기준이 있음을 확인합니다. 누룩은 단 1%만 남아있어도 반죽 전체를 변질시킬 수 있음을 인정합니다. 나의 기준을 가지고 판단하는 마음으로 하나님이 하시는 일을 방해하지 않겠습니다. ② 피 발린 언약 공동체 안에 있기 : 이런 마음과 상황을 나눌 수 있는 목자를 주심으로 문제를 풀어갈 수 있는 기회를 주심에 감사합니다. ③ 새로운 공급 : 필터링 기록지를 통해 왜곡된 감정과 생각에 속지 않게 되고 거짓 자아에 머물지 않고 참자아를 찾아갈 수 있게 하시니 감사합니다. ④ 여호와의 군대 : 아군 폭격 금지 - 완전한 사람은 없습니다. 문제가 없다면 상담을 받으러 오지도 않았겠죠. 나의 기대와 다른 태도를 가졌다고 아군을 폭격해 버리면 구속사가 무너집니다. 나의 생각과 감정으로 아군을 폭격하지 않겠습니다. 2) 출 13장 '플러스 기도'(참 자아 찾아가기) ① 성부 하나님(주권을 드렸는가? 영광을 드렸는가? vs 영광 가로채기) 제 삶의 주권을 가지고 계신 하나님은 모든 것을 합력하여 선을 이루십니다. 모든 만남을 주관하시는 분은 하나님이십니다. 이번 만남에도 저의 부족으로 하나님의 일하심이 방해받지 않도록 주의하겠습니다. ② 성자 예수님(죄를 버렸는가? 계속 은혜의 공급이 있는가? vs 누룩) 주님은 제가 연약할 때, 죄 가운데 있을 때, 심지어 하나님과 원수된 자리에 있을 때 나를 위해 죽으시고 나를 건지셨습니다. 이번 상담에서 왜곡된 생각과 감정으로 내담자를 언어, 비언어로 힘들게 하지 않겠습니다. 반드시 살려내고 싶습니다.

	③ 성령님(소통했는가? 대화, 기도했는가? vs 충동으로 행동하기) 부족한 제게 한 영혼을 섬길 수 있는 기회를 주셔서 감사합니다. 성령님, 상담 중에 드러난 주제감정들을 원수가 참소하지 못하게 하시고 변화와 성숙으로 나아갈 수 있도록 도와주소서. 3) 출 14장 홍해(세례) 언약: '마이너스 기도'(거짓 자아 버리기) ① 육신의 정욕 (성령님을 거스림, 갈 5:16-17, 24)-육신의 생각 - 내담자를 향한 저의 왜곡된 생각과 판단하는 마음을 방치해 두어 구속사의 장애물이 되게 할 뻔했습니다. 저의 생각과 감정이 상담 과정에 장애물이 되지 않게 하겠습니다. ② 안목의 정욕 (성부 하나님을 거스림, 약 4:4, 롬 12:2)-세속적 흐름을 따름 내담자와 라포를 형성해야 한다는 이유로 저의 내면의 상태를 무시하려는 강박적 부담이 있음을 시인합니다. 능력 있는 상담가와 목회자로 인정받고 싶어 괜찮은 척 가면을 쓰려고 합니다. 이번 상담에서 사람에게 괜찮은 사람으로 인정받고 싶은 욕망을 내려놓습니다. 본질은 생명을 살리는 것입니다. ③ 이생의 자랑(성자 예수님을 거스림, 요일 3:8, 약 4:7)-죄성을 따름, 마귀적인 것을 즐김 나는 어떤 상황에서도 주님이 거하시는 거룩한 성전입니다. 주님이 기뻐하시는데 불편하게 해드린 왜곡된 생각과 감정으로 사람을 대하려는 것들이 여전히 있습니다. 죄송합니다. 저의 기준으로 사람을 대하지 않겠습니다. 이 사건과 관련된 마음의 주제를 주님께로 이관해 드립니다.
5. 실행 작업	기도 시간 1) 구약 모델(번제단 위에 각을 떠서 100up 기도 올리기) 마음이 쉽게 가라앉지 않아 1세트(100번)하고 물 한잔 먹고 5분 쉬었다가 다시 천천히 2세트 시도했더니 80회쯤 가니 마음이 안정되었다. 2) 신약 모델 : 십자가 아래 이 문제에 대한 짐을 모두 풀어놓습니다. 기도를 시작할 때 찬송가 370장 1절 5회, 539장 1절 5회 부름 3) 왕 같은 제사장의 마음으로 도움의 손길을 내밀었던 한 영혼을 온전히 품지 못한 부족함에 대해 사죄의 은총을 갈망하며 잠시 주님의 응답을 기다림 4) 지금, 여기 현장 적용: 신적 교환기도 (내 아픔을 드리고, 십자가에서 해결하신 항목을 가져옵니다. 사 53:5-6) 5) 기도 실행–'언약을 붙잡고 기도하라'(100up 기도를 올림) - 천천히 마음에 새기면서 기도합니다.

5. 실행 작업	대속기도(the Atonement prayer) - 사 53:5-6, 벧전 2:24-25 예수님이 대신 징벌을 받음으로 ○○○이 용서를 받았습니다. 예수님이 대신 채찍을 맞음으로 ○○○이 나음을 입었습니다. 예수님이 대신 죄를 지심으로 ○○○이 의롭게 되었습니다. 예수님이 대신 죽으심으로 ○○○이 그분의 생명을 얻게 되었습니다. 예수님이 대신 가난하게 되시므로 ○○○이 부요하게 되었습니다. 예수님이 대신 수치를 당하심으로 ○○○이 영광에 이르게 되었습니다. 예수님이 대신 거절당하심으로 ○○○이 하나님의 자녀로 영접되었습니다. 예수님이 대신 저주를 받음으로 ○○○이 축복을 누리게 되었습니다. 신적 교환 기도(Divine exchange prayer) 그러므로 감사함으로 신적 교환 기도를 드립니다. 불쾌감(10)을 가지고 들어가 기대와 유연한 마음을 가지고 돌아옵니다. 당황스러움(10)을 가지고 들어가 호기심과 수용의 마음을 가지고 돌아옵니다. 실망감(10)을 가지고 들어가 소망의 마음을 가지고 돌아옵니다. "그러므로 이제 그리스도 예수 안에 있는 000에게는 결코 정죄함이 없나니 이는 그리스도 예수 안에 있는 생명의 성령의 법이 죄와 사망의 법에서 000을 해방하였음이라"(롬 8:1-2). 천천히 2번 반복하여 소리 내어 기도문을 읽으면서 기도했다. 힘들었던 마음이 풀리고 실망감이 소망으로 다시 올라오는 것을 느낄 수 있었다. "주님, 생명과 평안을 감사합니다"(롬 8:6).
6. 감정변화 체크	필터링 작업 기도 후 감정 변화 체크 불쾌감(10 → 2), 당황스러움(10 → 2), 실망감(10 → 3)
7. 원복 회복 지수	① 십자가의 은총(죄와 사망을 벗어버림) 자신과 내담자를 판단하고 정죄하는 마음을 십자가 앞에 내려놓습니다(9). ② 부활의 기쁨(변화, 거듭남의 은총) 내담자에 대한 기대와 유연한 마음(9), 호기심과 수용(9), 소망(8)을 주심을 감사합니다. ③ 승천의 존귀함, 상속자의 기쁨 회복(연합, 교통의 관계로 승화) 단순한 상담이 아니라 왕 같은 제사장의 스피릿을 회복하는 승천의 자리로 돌아오게 하심을 감사합니다.

8. 사랑으로 십계명 언약 실천하기	1. 하나님 사랑 1) 모든 만남 속에서 나를 향한 아버지의 계획과 사랑에는 여전히 변함없으심을 찬양합니다. 나의 주인 되신 아버지의 뜻을 받을 수 있었음을 감사합니다. 2) 이번 상담의 기회를 통해 저의 내면의 생각과 감정을 돌아볼 수 있는 기회를 주셔서 회복의 길로 나아가게 하심을 감사합니다. 3) 상담의 기회를 통해 나의 내면의 흐름을 직면하게 하심으로 자신과 내담자에게 하나님이 하실 일에 대한 기대감을 갖게 하심을 감사합니다. 2. 이웃 사랑 저의 왜곡된 생각과 감정으로 내담자를 판단, 정죄하지 않겠습니다. 하나님의 마음으로 내담자의 내면의 소리를 듣는 일을 게을리하지 않겠습니다. 3. 자기 사랑 1) ○○○, 너를 이끄시는 성령님의 인도하심에 민감하게 따르려는 태도로 상담에 임했음을 칭찬한다(롬 8:13-14). 2) ○○○, 너는 예수님을 닮아 사람을 살리는 왕 같은 제사장이야(롬 8:32). 3) ○○○, 왕 같은 제사장으로 점점 성숙해져 가는 너로 인하여 아버지께서 기뻐하심을 축하한다(롬 8:37-39). ○○○, 너를 사랑해(소리 내어 5회 선포).

제4강

나의
매일의 십계명

○ ○ ○ 목사

관계	번호	10원칙 항목	목 1	금 2	토 3	일 4	월 5	화 6	수 7	목 8	금 9	토 10	일 11
		나의 매일의 10계명											
하나님	1	성부 : 문화, 세속 흐름 버리기 / 예배, 으뜸의 시간, 공급원 의존	/	/	/	/	/	/	/	/	/	/	/
	2	성자 : 죄, 누룩, 마귀 버리기 / 회개, 말씀, 양고기 먹기, 무교병 먹기	/	/	/	/	/	/	/	/	/	/	/
	3	성령 : 육성, 탐심 버리기 / 기도, 거룩, 대화, 소통	/	/	/	/	/	/	/	/	/	/	/
가족	4	아내(발 마사지, 경청, 운동, 예배나눔)		/	/		/		/		/	/	
		3자녀 : 주 1회 대화, 공동 식사			/							/	
		부모님(교회 내 어르신 섬기기)	/						/				
	5	목자, 멘토, 스승 : 한 스피릿, 한 몸(주 1회 소통, 월 1회 스피릿 전수, 식사 만남)		/						/			
이웃	6	라이프 체인 4 : 밥 사주기, 플로잉 주 1회(DNA 전수), 집중 세미나	/						/				
	7	라이프 라인 : 동행(대행훈련), 선물, 칭찬격동, 자기 성찰 훈련 - 점검	/				/					/	
	8	라이프 커뮤니티 (문자소통, 만남)			/			/	/	/			
자신	9	영성 : 예배, 말씀, 기도	/	/	/	/	/	/	/	/	/	/	/
	10	혼 : 필터링	/						/				
	11	육 : 산행, 운동	/		/								
감사		1만 성막 기도, 감사 합계											

예 1) 나의 매일의 십계명

○ ○ ○ 목사

번호	십원칙 항목	주일	월	화	수	목	금	토
하나님	새벽기도회 & 개인기도 1시간	O	O	O	O	O	O	O
	온라인 가족 예배 및 기도회	O	O			O	O	O
	20초 기도하기 (밥소르기)	O	O	O	O	O	O	O
이웃	교인 1명 이상 심방 및 소통	노방전도			전OO	이OO	임OO	장OO
	사역자 1명 이상 소통		노회 참석	노회 참석	이OO	김OO 외	유OO	박OO
	단톡방에 글, 영상 올리기	O		O	O	O	O	
자신	체력 단련 (걷기 or 기타 운동)			4,900	7,200	실내	6,500	
	먹는 것 절제 / 11시 전에 자기	7/0	7/	8/0	8/	7/	6/	7/
	독서, 강의 및 설교, 간증 듣기	O		O	O	O	O	
가족	부모님, 아이들, 아내 돕기	O	O	O	O	O	O	O

5감 3칭 1약(5감사, 3칭찬-자/타, 1언약의 말씀)

#주일

"아들을 믿는 사람에게는 영생이 있다. 아들에게 순종하지 않는 사람은 생명을 얻지 못하고, 도리어 하나님의 진노를 산다"(요 3:36).

지난 주일에 어려웠던 기억 때문에 평소보다 30분 정도 일찍 교회에 도착하니 모든 것이 순조롭다. 마이크 상태도 상당히 개선되어 있고, 그동안 혼란은 나의 준비 부족 때문이었음을 고백한다. 이래저래 평계가 많았는데 목사가 기본에 충실하지 못하니 이곳저곳 구멍이 뚫린 것 같았다. 주일 예배를 준비하는 마음과 태도가 좀 더 섬세하게 성도들을 섬겨야겠다.

1. 주중에 성도들이 전도하려고 많이 애를 쓴 것을 알지만, 오늘 나오기로 약속한 분들도 마음이 변했다. 공을 들여왔던 성도들의 마음이 허전했겠다. 한 생명을 교회로 불러내기가 얼마나 어려운지 교우들 한 사람을 소중히 여기라는 싸인으로 받는다. 지

난 주일에 새로 나오셨던 두 분도 한 분은 취직이 되어 1시간 정도 떨어진 곳으로 떠나셨다고 하고, 또 한 분은 아직 마음을 정하지 못한 것 같다. 한 생명을 정착시키기까지 더 집중적인 기도와 관심, 사랑이 필요한 것 같다. 매일 아침저녁으로 허공을 치는 기도하지 말고 한 생명씩 이름을 불러가며 기도하는 것이 좋겠다.

2. 오늘도 노방전도 5개 거점으로 성도들이 나갔는데 관계 전도의 개념을 좀 알려 드릴 필요를 느낀다. 당장 내 전도지를 받게 하는 것이 목적이 아니라 사람들에게 좋은 이미지, 관계 만들기를 하는 것이 더 중요한데 아쉬움이 남는다. 적극적으로 전도하려는 마음은 귀하지만 좀 더 상대방을 배려하는 태도와 존중의 마음을 갖게 하소서.

3. 내일 노회가 열리는데 아내가 레슨, 병원치료 등 일정이 겹쳐서 난감...자동차가 한 대라서 겪는 어려움이다. 할 수 없이 새벽에 딸을 병원까지 출근시키고, 차를 좀 사용하는 것으로 양해를 구하니 허락해 주어 감사하다.

4. 아내가 온라인으로 힐링타임을 진행해야 하는데 무척 힘들어한다. 금, 토요일에 사역이 몰려 있어서 주일에 몹시 힘들어 하는데 이민 목회에서는 주말에 뭔 일이든 몰릴 수밖에 없는 환경이다. 위태위태해 보이지만 은혜로 감당해 가는 모습에 감사드린다. 성음 크로마하프팀에 소속된 뉴욕지부에 지부장 목사님이 간암 진단 받은지 1개월만에 갑자기 소천하셨다는 소식도 들려온다. 생명은 주님께 달린 것이지만 너무 급작스러운 소식에 안타까운 마음뿐이다. 코 끝에 호흡이 붙어 있는 동안에 기쁨으로, 최선을 다해서 하나님 나라를 향해 달려가기를 기도한다.

자칭 1. 예배 후 노방 전도하시는 교우들을 위로 격려한 일
    2. 장**(8세) 생일이어서 교회 학교 아이들과 축하한 일
타칭 1. 장** 집사는 나의 부족한 면을 조용히 채워주고, 보완해 주니 너무 고마운 분이다.
    2. 이**씨가 교회 오신지 2개월 정도밖에 안된 분인데 교회 일찍 나와서 이곳저곳 살피시고, 자신이 할 수 있는 일을 찾는듯해서 너무 고마운 분이시다.
    3. 딸이 내일 아빠를 위해서 자동차를 양보해 주어서 너무 감사하다.

#월요일

"레갑의 아들 요나답이 자손에게 포도주를 마시지 말라고 명령한 것이 이렇게 엄수되고 있다. 그 자손은 조상이 내린 명령에 순종해서, 이날까지 전혀 포도주를 마시지 않는다. 그러나 너희들은 내가 직접 말하고, 또 거듭하여 말했으나, 내 말을 듣지 않았다."(렘 35:14)

1. 믿음은 순종이다. 레갑 족속은 그들의 조상 요나답이 내린 명령을 200년 이상 지켜 오면서, 정착생활을 포기하고 광야에서 베드윈으로, 떠돌이 민족으로, 특히 포도주를 멀리하면서 살아왔다는 것은 엄청난 불편을 감수하면서도 조상의 말씀을 삶의 원칙, 기준으로 삼아왔다는 것을 말한다. 하나님께서는 유대인들과 그들의 삶을 대비시키면서 유다 백성들의 불순종을 일깨우고 있다. 레갑족속은 겐 족속이었기에 이방인이라 할 수 있지만 하나님의 구속사에 중요한 역할을 하도록 사용하심을 보면서 하나님은 유대인만의 하나님이 아니라, 온 열방의 하나님이심을 증거한다. 오늘도 레갑 족속의 한결같은 순종을 본받게 하소서. 말씀을 왜곡하고, 편리한 복음으로 변질시키는 세상 가운데서 우직하게 하나님의 말씀을 그대로 삶의 기반으로 삼고 살아가는 믿음을 주시옵소서.
2. 오늘은 63회 수도노회가 열리는 날이다. 이제 노회의 고참 레벨에 처해 있는 입장에서 후배들에게 좋은 본보기가 되어 노회, 총회, 주의 종들이 모인 공동체에 하나님의 나라가 어떻게 세워져야 할지 좋은 역할을 할 수 있게 하소서. 노회, 총회가 친목 단체의 성격으로 질적인 하락을 갖지 않도록 선한 영향력을 만들어 가게 하소서.
3. 오늘 아내와 일정이 겹쳐서 움직이기 힘든 상황에 안○○ 목사님이 라이드해 주시기로 해서 넘 감사하다.
   이** 목사님은 이번에도 노회에 참석하지 못한다고 하신다. 이 목사님에 대해서는 연민을 넘어 이제는 좋지 않은 감정과 안타까운 마음이 많이 든다. 내가 모르는 그만의 어려움이 있겠지... 주님 긍휼히 여겨 주시옵소서.
4. 노회에 안 목사님과 함께 참석했다. 노회장님과 임원들이 경험 부족으로 여러 가지 어색했지만 가르쳐 주면서 회무를 잘 처리하게 되어 감사하고, MD 시찰회에서 헌의한 총회 기구개혁과 본 노회 선교 방향을 잡기 위한 연구팀을 조직하도록 위임받고 5인 위원을 정하게 되어 감사하다.
5. 내일은 랭캐스트에 성극 다니엘을 보러 가는 날이다. 노회원들과 좋은 추억 만들

기를 할 수 있을 것 같고, 아내도 함께 가기로 해서 사모님들과도 좋은 교제를 나누면 좋겠다.

자칭 1. 안** 목사님 자동차 운전해서 노회 다녀옴. 나는 픽업해 주어서 감사하고, 그분은 내가 운전해 주어서 감사
2. 나는 기질상 뭔가 질서가 만들어지지 않고 무질서한 것을 거의 못 넘어가는 것 같다. 뭔가 바로잡아 주어야 하고, 제자리를 찾도록 해주어야 마음이 편해지는 것 같다. 오지랖 병인가 싶다가도 나와 같은 사람도 공동체 속에서는 반드시 필요할 것으로 보인다.
3. 미주 장신에서 요르단에서 사역하는 선교사 목사 안수를 도와 달라는 요청이 왔다. 학교 측에서는 미안해하지만 서로 돕고 하나님 나라를 세워 가야 하는 것 아닌가? 우리가 처음부터 사역자를 키우기도 해야 하는데 다 자란 사람 입양해서 조금만 도우면 되는데 그런 일도 못하려고, 무조건 도와야 한다.

타칭 1. 안목사님과 노회를 같이 가면서 이런저런 이야기를 나눠 보니 그분은 천성적으로 착한 사람이다. 허허실실하기에 속도 없는 줄 알았는데 알면서도 용납하면서 사는 것이 거의 달인 수준이다.
2. 저녁 온라인 예배에 정장로님과 전권사님이 들어오셔서 두 분이 말씀을 읽고 나누는 모습에 감사드린다.
3. 오랜만에 서울 장로교회에 갔었는데 홍장로님 내외분, 김장로님 내외분이 반갑게 맞아 주신다. 목사님 부임 이후에 교회가 많이 달라진 모습에 감사하다.

예제 2) My 10 Commendment(Threefold Com. of Love, Action Plan, Routine) date: 9/8-14

for whom	No.	Ten principle items	Sun.	Mon.	Tue.	Wed.	Thu.	Fri.	Sat.
G o d	1	100 Proclamation prayers for true self, Bible Reading, QT, Our daily bread	v	v v	v	v v	v v	v v	v v
	2	Pray as the Exo. structure chart & Filtering (Wilderness, Tabernacle, Daily life)	v	v	v	v	v	v	v
	3	Sing more than 7 hymns	v	v	v	v	v	v	v
Neighbor	4	Praise, support, encouragement, and motivation to 3 people	v	v	v	v	v	v	v
	5	100 proclamation prayers to 6 people	3/6	3/6	4/6	v	v	v	v
	6	Lifeline, Life-chain, 1 person review							
Self	7	Walk more than 6,000 steps	v	v	v	v	v	v	v
	8	Studying the Word, reading, listening to lectures, coaching, counseling	v	v	v	v	v	v	v
	9	Compliment myself in three ways	v	v	v	v	v	v	v
Family	10	Seven up, Writing journal, Caring	1/v	1/v	1/v	1/v	1/v	1/v	1/v
		2024 Goal: 10,000 Gratitudes!	Sum of this week			Sum of this year			

제4강 나의 매일의 십계명

제5강

성막 기도

히 8:5 그들이 섬기는 것은 하늘에 있는 것의 모형과 그림자라 모세가 장막을 지으려 할 때에 지시하심을 얻음과 같으니 이르시되 삼가 모든 것을 산에서 네게 보이던 본을 따라 지으라 하셨느니라

* 매일 소통, 매일 임재, 매일 붙어있어야 살아납니다(요 15장).
* 연합, 성화는 그리스도 안에 있을 때 가능합니다(롬 8:1-2).
* 매일 공급해 주셨습니다. 1회성, 방향전환용이 아닙니다.
* 우리의 경건생활의 원칙은 매일 예배, 매일 교통입니다.

각 단계의 차이

1. 의인의 신분(뜰) : '씻음'이 주 목적
2. 제사장의 누림(성소) : 나를 비우고, 3위 하나님으로 '채움'이 추가 목적
3. 대제사장의 영광(지성소의 거룩) : '교통', '언약관계'가 최고의 가치
4. 왕 같은 제사장으로 사역(멜기세덱의 반차) : 하나님의 형상, 대행자로 나옴(Sonship, Kingship)

성막에 나아가는 자

1. 절기나 문제가 있을 때만 성막에 나아가는 사람 : 일반 백성(번제단만 경험, 죄사함)- 객관적 구원경험
2. 매일 출입하며 상번제를 드리고 하나님을 섬기는 사람 : 제사장(물두멍을 지나 성소까지) : 자기 부인과 성소의 누림이 있음. '자기 부인', '자기 십자가'에 대한 확실한 삶의 변화가 있음 - 주관적 구원경험
3. 지성소에 들어가 하나님을 언약 관계로 만나는 사람은 대제사장, 왕 같은 제사장입니다.

* 시은좌 - 더 큰 은혜(성자 예수님)
* 그룹 - 더 큰 영광(성부 하나님)
* 언약궤 - 교통을 위해 요구하시는 더 깊은 언약적 신뢰 관계(성령님)

1. 구원의 문 : 손에 제물을 가지고 나아감(제물 10가지, 예물 10가지, 시 100:4, 요 10:9-10)

> 출 23:15 너는 무교병의 절기를 지키라 내가 네게 명령한 대로 아빕월의 정한 때에 이레 동안 무교병을 먹을지니 이는 그 달에 네가 애굽에서 나왔음이라 빈손으로 내 앞에 나오지 말지니라 34:20 나귀의 첫 새끼는 어린 양으로 대속할 것이요 그렇게 하지 아니하려면 그 목을 꺾을 것이며 네 아들 중 장자는 다 대속할지며 빈 손으로 내 얼굴을 보지 말지니라

1) 제물이신 예수님 : 죄의 용서를 구함 - 나의 죄를 고백하며(속죄제, 속건제), 신적 교환 기도를 드림으로 용서, 은총을 경험함(번제단에서)
2) 예물(감사, 절기)이신 예수님 : 번제물, 소 제물, 화목제물로 섬김

"세례시 예수님과 나는 연합되었습니다. 둘이지만 한 영으로 한 몸이 되었습니다."
주님께서 제물로 드려질 때 나도 주님 안에서 함께 드려집니다. (롬 6:3-5)
○ 특권, 충만함, 언약의 부요함으로 인하여 억지로 하는 신앙생활이 아닌 즐거움의 잔치로 나아갑니다.

[성막의 뜰 : 씻음, 비움의 장소]

2. 번제단 : 죄의 고백을 드리고(요일 1:9) 십자가의 사죄의 은총을 갈망함 - 죄의 자백과 대속 기도, 신적 교환 기도를 드림[*]

1. 번제 : 안수하고, 죽이고, 피를 쏟고, 가죽을 벗기고, 각을 뜨라. 씻으라. 번제단 위에서 태우라.
2. 소제 : 맷돌로 갈아 고운 가루를 만들라. 기름과 섞고, 기름을 부으라.
   꿀과 누룩은 제거하고, 소금, 유향은 더하라
   화덕, 남비, 솥으로 요리하여 드림
3. 화목제 : 하나님, 이웃, 자신과 화해하라.
   감사의 마음, 자원, 낙헌의 마음, 서원의 마음으로 접근하라. '화해'를 위해서는 반드시 예물이 있어야 함.

---

[*] 졸저,『레위기 스피릿 하나님을 예배하라』(서울:한국장로교출판사), 34쪽 참조

막힌 담은 없는가? 마태복음 6:14-15 사죄의 은총을 거절하는 행위
4. 속죄제 : 어떤 수준의 사죄의 은총인가? - 번제단 바닥, 번제단 뿔, 향단 뿔, 휘장
5. 속건제 : 갚아야 할 부채는 없는가? - 하나님께, 이웃에게

3. 물두멍 : 세례 받은 자로 자기를 부인함(거짓 자아, 3대 악을 씻어냄, 요일 2:16)

3위 하나님의 이름으로 세례 받은 자로서의 내면 성찰, 거짓 자아를 넘겨드림
(십자가 밑에 넘겨드림 - 전가〈imputation〉기도, 혹은 번제단 타는 불 위에 올려드림 - 화제)
1) 육신의 정욕 - 아담으로부터 출발한 육성 : 로마서 8장과 연결
충동, 혈기, 감정으로 사는 자
자기밖에 모르는 이기주의, sinfull nature, 에고이즘

2) 안목의 정욕 - 그동안 일생을 살아왔던 나의 옛사람, 옛생활, 자아 : 롬 7장과 연결
"사람에게 보이려고…"(마 6:1, 5, 16)
나의 고집, 의견, 입장을 주장하는 나 : 섬김, 양보, 희생 없는 나
자신에 대한 신뢰감이 없는 나 : 언약도, 주권도, 집중도 못하는 나
내면화의 삶(internalization life)을 살지 않는 자

3) 이생의 자랑 - 죄, 마귀와 연결된 것들 : 롬 6장
1등, 중심, 탑이 되어야 하는 나, 대접받고, 영광을 받아야 된다고 생각하는 나 자신, 자존심이 살아 있는가?
"너희가 하나님과 같이 되어…"(창 3:5)
피의 씻음은 예수님의 희생으로 가능합니다. - 칭의의 삶
물의 씻음은 나의 죽음, 나의 십자가로 나를 통하여 주님이 사십니다. - 성화의 삶
성화는 내가 그리스도 안으로 들어가는 삶입니다. 내가 사는 게 아닙니다. 그리스도가 사십니다.
반드시 나의 십자가가 있어야 입성이 됩니다.
구약에서의 약속의 기업은 가나안이었고, 새 언약시대에는 그리스도를 우리의 기업으로 누릴 수 있습니다(십자가, 부활, 승천의 경험).
성령께서 '새 언약'의 약속으로 오셔서 이 일을 도우십니다.

[성소 - 공급받음, 채움의 장소]

4. 떡상

제사장의 양식 : 하나님 임재 앞에 1주간 진설되어 있던 아버지의 음식을 제사장의 자격으로 받습니다.

> 레 24:9 이 떡은 아론과 그의 자손에게 돌리고 그들은 그것을 거룩한 곳에서 먹을지니 이는 여호와의 화제 중 그에게 돌리는 것으로서 지극히 거룩함이니라 이는 영원한 규례니라

제사장은 백성과는 다른 양식을 공급받습니다. 하나님 면전에 진설되어 있던 떡을 안식일에 제사장들이 먹었습니다.
제사장의 떡은 '섬김을 위한 떡'입니다.

5. 금 등잔대 : 성령의 조망(요 16:8-11)

1) 죄 : 십자가 사건을 믿고 고백함으로 해결 받음
아담을 통하여 인류에게 들어왔습니다. (롬 5:12)
예수님의 대속의 사역을 믿음으로 죄, 아담으로부터 우리는 건짐을 받습니다.

2) 의 : 그리스도 자신이 하나님의 의이십니다. (롬 3:21, 고전 1:30)
부활, 승천으로 인한 우리의 신분, 위치의 승격, 인격의 변화
그리스도 안에 있어야 합니다. (롬 3:24, 4:25)

> 롬 3:24 그리스도 예수 안에 있는 속량으로 말미암아 하나님의 은혜로 값 없이 의롭다 하심을 얻은 자 되었느니라
> 4:25 예수는 우리가 범죄한 것 때문에 내줌이 되고 또한 우리를 의롭다 하시기 위하여 살아나셨느니라

3) 심판 : 사탄은 예수님의 십자가로 심판을 받았습니다. (골 2:12-15)

- 아담으로부터 출발한 죄가 우리를 죄인 되게 했습니다. (롬 5:12)
- 예수님의 십자가, 부활을 통하여 우리는 의인이 되었습니다. (롬 3:24, 4:25)
- 성령님은 우리로 아담 족을 떠나, 예수님 안에 있어야 죄의 심판을 피할 수 있다고 말씀하십니다. (롬 5:12-21)

보혜사, 진리의 영이신 성령님의 조망을 받아 우리는 예수님께서 이미 이루어 놓으신 영적 원복 상태를 얼마나 누리는지 그 영적 상태를 매일 점검해야 합니다.
예수님을 통한 다스리심 - 나의 순종, 나의 동역, 나의 구속사를 향한 갈망:concurrence

6. 분향단 : 지성소의 위치에서(히 9:4 지성소 / 출 30:6 성소)

나의 예배, 나의 찬양, 나의 기도 : 지고지선의 자세로 섬김(신 6:5)
기쁘게 흠향하실 기도를 올립니다.
예) 주님의 기도 : 그의 이름을 위한(이름이 거룩히 여김을 받으시오며), 그의 나라, 땅에서의 성취를 위한 기도

성도들이 땅에서 향연으로 기도를 올리면 하늘에서 나팔 심판이 시작됩니다.
자신의 요구나, 탐욕의 기도가 아닌 향이신 그리스도를 올리는 흠향하시는 기도입니다(계 8:3-4).

* 성소의 누림 : 떡상의 공급(말씀이신 그리스도), 성령의 조망(그리스도의 몸인 교회를 위한 성령의 기름부으심), 향단의 흠향하시는 예배가 있음(성부 하나님께 대한) - 성소는 3위 하나님을 경험하고 공급받는 장소입니다.

[지성소-언약, 교통, 소통, 대화의 장소]

3위 하나님과의 소통은 어떻게 가능합니까?

7. 시은 좌 (히 4:16) - 더 큰 은혜

더 큰 받아주심(번제 단에서는 죄인을 의인으로 받아주심)을 경험합니다.

그러나 시은 좌에서는 대제사장으로서 나를 열납해 주십니다.
예수님의 피의 효력(히 - 새 언약이 우리를 대제, 왕제로 세움)으로 이제는 우리를 구속사, 하나님의 영광을 위하여 사는 자로 세우시기 위하여 지성소로 담대하게 들어오라고 하십니다.

8. 그룹 (골 1:27, 롬 5:1-2) - 더 큰 영광

우리의 영광의 소망이신 그리스도를 통하여 아버지의 영광의 임재에까지 나아갑니다. (겔 9:3, 10:18, 히 9:5)
우리의 거룩의 수준이 제사장, 대제사장 수준으로 격상되어야 합니다. (출 28:-29:, 레 21-22장)
하나님은 우리에게 그룹 앞에 설 수 있는 의의 옷을 입혀 주십니다. (사 61:10, 슥 3:4)
※ 그룹은 범죄 한 이후 불칼(화염검)으로 에덴과 생명나무로 나아가는 길을 지키던 그룹입니다. (창 3:24)

9. 언약궤 - 더 큰 신뢰 관계

성령님의 도우심으로 일방적으로 은총을 입던 수준에서 상호 언약 관계로 만납니다.
상호 인격적 만남, 상호 신뢰, 상호 책임(concurrence)적 관계입니다.
우리를 향한 하나님의 약속이 신실한 것처럼 우리의 약속도 신실해야 합니다.
상호 언약적 관계(수 9: '하나님의 이름으로 한 약속은 속아서 한 약속이라고 지켜야 합니다')

10. 감추인 만나

성막 밖에서 경험하는 만나, 성소 안의 떡상, 지성소의 언약궤 안의 감추인 만나의 차이 - 다 같은 '말씀을 받는다'는 의미이지만...
1) 만나가 모든 사람에게 공통으로 주시는 양식 - 일상속에서의 깨달음
- 일반, 외부 환경과의 관계에서 주시는 일반적인 방법으로 공급하시는, 깨닫게 하는 말씀이라면

2) 떡상의 말씀은 예배 중, 혹은 제사장의 섬김 속에서 경험하는 사역을 위한 말씀
-요한복음 6:35, 57 우리의 생명 양식이신 예수 그리스도
3) 언약궤 안의 감추인 만나는 공급자이신 하나님에 대한 더 깊은 신뢰로 이해할 수 있습니다. (비밀, 경륜)

○ 광야 40년 동안의 공급자, 오늘의 공급자도 역시 아버지이심을 고백, 기대, 요청합니다. 또 다른 공급, 또 다른 위로, 또 다른 사람을 의존하지 않습니다.
○ 이기는 자에게 주시는 하나님의 깊은 경륜 속에 있는 비밀한 갈망(계 2:17)을 함께 나누고, 함께 동역합니다.
○ 아버지의 깊은 가슴(지성소) 안에 있는 감추인 비밀한 경륜의 말씀들(엡 3:9, 골 1:26-27, 2:2)을 경청하고, 관심을 갖습니다.

11. 아론의 싹난 지팡이

구속사를 위하여 몸의 질서를 세워주심 : 나에게 세워주신 목자의 리더십 인정.
예수님의 복음은 구속사로 맥을 이어 흘러가야 합니다 : 구속사 산맥 이어가기-3인턴 4세대 전략
나는 이 구속사의 라이프 라인, 라이프 체인(그리스도의 몸)을 위하여 부르심을 받았습니다.

12. 돌비 : 나를 부르심, 나의 사명

1) 사랑 : 율법의 완성
예수님께서 십자가 사랑으로 율법의 완성을 이루셨듯(마 5:17-18)
우리도 사랑을 실천함으로 율법의 완성을 이루어 드립니다(롬 13:8-10, 마 22:37-40, 갈 5:14).

2) 하나님의 형상, 대행자로서 세워짐 : '구속사'의 성취
○ 대제사장 : 백성을 대표하여 하나님께 나아감
○ 왕 같은 제사장 : 멜기세덱의 반차를 따라(히 7:16) 떡과 포도주를 공급함

예수님을 대신하여 백성을 향하여 나아감

3) 한 몸, 한 영, 한 나라에 대한 아버지의 갈망 : '주님의 기도' 성취(마 6 : 10)
나의 응답 소원-한 영, 한 몸
교회를 향한 아버지의 기대 - 창세전에
예정, 섭리, 경륜

> 벧전 2:9 그러나 너희는 택하신 족속이요 왕 같은 제사장들이요 거룩한 나라요 그의 소유가 된 백성이니 이는 너희를 어두운 데서 불러내어 그의 기이한 빛에 들어가게 하신 이의 아름다운 덕을 선포하게 하려 하심이라

하나님의 갈망은 하나님의 나라입니다.
구속사, 우리의 헌신을 통한 나라를 기다리십니다.

> 마 6:10 나라가 임하시오며 뜻이 하늘에서 이루어진 것같이 땅에서도 이루어지이다

* 구원의 여정 전체 정리
  1. 구원의 문 : 예배자로 나아옴 - 제물과 예물 준비
  2. 씻음의 뜰 : 백성으로 나아옴
  3. 채움의 성소 : 제사장의 누림과 섬김
  4. 교통의 지성소 : 상호관계, 교통관계로 나아감
  5. 왕 같은 제사장으로서의 삶과 사역 : 주님의 형상(썬십), 대행자(킹십)로 하나님의 통치가 이루어지도록 섬김

백성은 문제가 있을 때, 제사, 절기 때만 성막에 나아갔지만 제사장은 매일 나아갔습니다. 매일 예배, 매일 교통이 중요합니다.
상번제 예배 - 출 29:38-46

> 민 28:3 또 그들에게 이르라 너희가 여호와께 드릴 화제는 이러하니 일 년 되고 흠 없는 숫양을 매일 두 마리씩 상번제로 드리되
> 28:4 어린 양 한 마리는 아침에 드리고 어린 양 한 마리는 해 질 때에 드릴 것이요

II. 2부

예수님과의 연합을 위한
더 세밀한 만남들

광야 훈련의 목표

'성화'의 접근은 우리 내면의 변화에 포커스가 맞추어져 있습니다.
생각(지), 마음(정), 결단(의)을 어떻게 하나님의 다스리심 아래 둘 것인가? 우리 내면이 어떤 변화를 경험함으로 우리 주님과 한 영, 한 몸으로 연합할 수 있는가? 우리 주님과 연합하려면 무엇을 포기하고, 무엇을 선택해야 할 것인가?
주로 우리의 내면 세계가 주요 관심사입니다.

하나님께서 이스라엘을 출애굽 시키신 이후 홍해, 광야, 시내산을 지나게 하시면서 다루신 내용들은 우리가 중요하게 생각하고 늘 기도하는 문제와 방향이 많이 다릅니다. 우리는 주로 외부 환경의 문제, 의식주의 문제, 우리가 기대하는 축복, 행복의 문제에 의미를 두고 신앙생활을 하고 또 기도도 합니다.
그러나 출애굽 이후에 하나님께서 이끄시는 광야 여정은 이런 우리의 기대와는 다른 상황으로 우리를 이끌어 가십니다. 그것이 어떤 환경, 어떤 상황이건 간에 하나님께 집중하고, 하나님의 인도하심과 주권을 인정하고 수용하며, 선포하시는 말씀들을 따르는 신뢰와 순종의 문제에 마음을 두라고 요구하십니다. 곧 내가 죽고(살아왔던 나), 그리스도가 사시는 삶(거듭난 삶)입니다.
그들은 지금까지 오랜 시간을 노예로 살아왔습니다. 그러나 이제 하나님의 크신 은총으로 자유인이 되고, 새로운 신분이 되었습니다. 하나님의 심판으로부터 자유롭게 되고, 하나님의 자녀, 백성이라고 하는 새로운 신분의 변화는 바로 얻을 수 있었지만(칭의), 그들의 내면이 바뀌는 데는 많은 시간과 훈련이 필요했습니다(성화).

> 어떤 환경, 상황 속에서도 하나님의 존재, 이끄심에 대한 신뢰하는 마음이 필요했습니다. - 믿음의 요구
> 환경적인 제한, 제약에도 불구하고 하나님의 인도하심에 대하여 인정하고 따르는 신뢰, 수용, 감사가 필요했습니다. - 입으로 시인하는 믿음
> 그리고 하나님의 인도하심을 따라 환경과 적들을 극복하는 전쟁에 임하도록 부르셨습니다. - 순종하는 행위, 삶

그러나 그들은 살아왔던 그들의 노예 근성을 바로 바꾸지를 못했습니다.
그들이 광야에서 반복하여 저질렀던 불신앙, 불평, 원망, 대적하는 행위, 파당을 지어

반역함 등 이 모두가 다 노예 신분으로 살 때의 삶의 모습의 연장이었습니다.
하나님의 엄청난 '은혜'가 왔지만 '믿음'의 응답이 부족했습니다. 그래서 하나님께서는 말씀만 주시지 않고 삶의 현장에서 그들이 하나님을 몸으로 이해하고, 경험할 수 있도록 계속 의미로운 광야 훈련 여정을 배열하셨습니다.
'마음으로 믿고, 입으로 시인하는 삶'은 의인으로 부름받은 사람들이 하나님을 만나고, 경험해 가는 중요한 방법입니다(롬 10장). 이 훈련들을 통해 우리의 내면은 그리스도와 연합하게 되고, 내가 죽고 그리스도가 사시는 새로운 변화를 경험하게 됩니다(이 내용에 대한 자세한 훈련은 다음 훈련과정인 '로말샆프' 때 다룰 것입니다).

출애굽 여정 중에 경험했던 환경, 상황들은 하나님께서 의도적으로 이끄신 길입니다. 우리가 원하거나, 기도한다고 바뀌지 않습니다. 그 여정 안에는 하나님의 예정하신 의도가 있기 때문입니다. 그래서 이 가나안 여정에 합격하기 위해서는 지혜가 필요합니다. 환경, 사람, 상황에 마음을 두지 말고 하나님의 부르심에 응답하는 자신의 생각, 마음, 결단 곧 내면에 의미를 두고 훈련해야 합니다. 그 내용을 간단하게 포커싱, 로드십, 컨커런스(concurrence) 이 단어들로 정리할 수 있습니다.

'새 언약'에서 주시는 은총의 약속

성령님께서 새 언약을 이루기 위해 오셨습니다. 새 언약의 주요 메시지는 성령님께서 우리 안에 내주하셔서 우리의 생각, 마음을 도우신다는 약속입니다. 그래서 우리는 우리의 내면의 변화, 성장에 큰 의미를 두고 매일 훈련해야 합니다.

> 요 14:16 내가 아버지께 구하겠으니 그가 또 다른 보혜사를 너희에게 주사 영원토록 너희와 함께 있게 하리니
> 14:17 그는 진리의 영이라 세상은 능히 그를 받지 못하나니 이는 그를 보지도 못하고 알지도 못함이라 그러나 너희는 그를 아나니 그는 너희와 함께 거하심이요 또 너희 속에 계시겠음이라
>
> 히 8:10 또 주께서 이르시되 그 날 후에 내가 이스라엘 집과 맺을 언약은 이것이니 내 법을 그들의 생각에 두고 그들의 마음에 이것을 기록하리라 나는 그들에게 하나님이 되고 그들

은 내게 백성이 되리라

잠 4:23 모든 지킬 만한 것 중에 더욱 네 마음을 지키라 생명의 근원이 이에서 남이니라

롬 8:5 육신을 따르는 자는 육신의 일을, 영을 따르는 자는 영의 일을 생각하나니
8:6 육신의 생각은 사망이요 영의 생각은 생명과 평안이니라

제2부에서는 그동안 1:1이나 소그룹 모임에서 다양하게 훈련해 왔던 내면 관리의 사례들을 소개합니다. 그때그때 필요한 대로 다양한 도구들을 사용해 왔습니다. 그러나 어떤 특정한 방법에 너무 매이지 마시고 자신에게 가장 잘 어울리는 방법을 찾아내거나 만들어서 생각 관리, 마음 관리, 언어 관리, 행동, 습관 관리의 모델을 찾아 반복하여 훈련하시면 됩니다. '단반지'(단순, 반복, 지속)를 통하여 감정 필터링, 하나님의 말씀으로의 사고 전환이 중요합니다.

나의 5대 광야 훈련 복음 선포문

1. 수르 광야 : "나는 문제가 꼬일 때마다 이 광야로 이끄신 분은 하나님이심을 인정하고, 선포합니다. 돌이켜 회개하고 내 기대치가 아닌 말씀의 원칙과 기준으로 돌아갑니다."
2. 신 광야 : "나의 공급자는 하나님이십니다. 나는 내 인생의 주권을 드렸습니다. 나의 매일 일상의 우선순위는 하나님을 존중하고 높여드리는 예배입니다."
3. 르비딤 광야 : "나의 행복은 기도에서, 성령님으로부터 옵니다. 문제가 오면 나는 반석이신 예수님께 나아가 기도함으로 오히려 생수의 강을 경험할 것입니다."
4. 아말렉 원수 : "나는 절대로 구속사를 대적하는 아말렉 짓은 하지 않을 것입니다. '모아훌'(모세, 아론, 훌) 중보팀을 만들어 기도로 영적 전쟁들을 치르어 나갈 것입니다. 나는 나를 부르신 아버지의 뜻을 깨달아 거기에 합당한 수준의 훈련을 받을 것입니다."
5. 시내 광야 : "나는 드림팀을 만들어 목자를 보좌합니다. '3인턴 4세대 구속사 산맥 이어가기'를 통하여 킹덤 빌더로서의 사명을 잘 감당할 것을 선포합니다."

제6강

수르 광야,
기준점 바꾸기 훈련
(출 15장)

*수르 광야 복음 선포
"나는 문제가 꼬일 때마다 이 광야로 이끄신 분은 하나님이심을 선포합니다. 돌이켜 회개하고 내 기대치가 아닌 하나님의 의도, 말씀의 원칙과 기준으로 돌아갑니다."

*수르 광야 통과 원리 / 작성 원리
1. 상황 : 하나님께서 인도하신 수르 광야
2. 그때의 나의 느낌, 혹은 반응(5대 광야 - 백성들: 원망 / 모세: 기도) - 하나님의 인도하심을 신뢰하고 어떤 광야로 인도하시든 신뢰, 수용, 감사, 순종하기를 결단합니다.
3. 내게 주신 법도와 원칙 : 깨달은 하나님의 뜻 - 나의 기대치와 이 광야로 인도하신 아버지의 의도가 어떤 차이가 있는지를 찾아 교정합니다.
4. 나의 회개 : '출애굽 7단계 필터링 훈련' 적용하기 - 나를 이끌고 계시는 하나님의 의도들과는 다른 기대들이 내게 있었음을 확인하고 마음의 뉘우침, 회개, 행동의 돌이킴, 순종으로 나아갑니다.
5. 수르 광야를 지나면서 달라진 나의 모습을 기록합니다.

{ 내가 기대했던 배우자, 하나님께서 세우신 배우자 }

○ ○ ○ 목사

1. 상황 : 하나님께서 인도하신 수르 광야

아내가 일하다가 충격을 받고 잠을 자지 못하더니 탈진해서 병원에 입원을 했습니다. 잠시 쉬면 좋아질 줄 알았는데 간 수치가 높은데 떨어지지 않고 치료해도 오히려 올라간다고 합니다. 보통 40이하인데 그보다 열 배 정도 높다는 것입니다. 그러면서 황달기도 있다고 했습니다. 담당 의사가 하는 말이 간수치가 500이 되니 입원해서 검사하며 치료해 보자고 합니다.

검사 결과는 간경화가 상당히 진행되었다는 것입니다. 너무나 충격적인 말이었습니다. 어떻게 이런 일이 일어날 수가 있는가? 아내가 과거를 돌이켜 보니 2년 전에 건강검사를 했을 때 이미 간 수치가 높다면서 간장약을 줬다는 것입니다. 아니 그렇다면 그 때에 더 자세하게 병원에서 얘기해줬어야 하는 것이 아닌가? 화가 났지만 이제와서 어쩔 수 없었습니다. 아내는 그 후로도 속이 더부룩하고 소화가 안 되고 눈도 침침

해졌다는 것입니다. 참 이렇게 어리석을 수가 있는가? 그렇지만 지금 후회한들 무슨 유익이 있는가? 문제는 어떻게 할 것인가입니다.

병원 담당 의사가 다행히 합병증은 없다며 수치를 떨어뜨린 다음에는 통원치료를 하면서 6개월에 한 번씩 병원에 와서 어떤 검사를 해야 한다고 했습니다. 간 상태를 검사하는 것이라 일주일 정도 치료하니 5백 대에서 3백대로 수치가 떨어졌다고 합니다. 장과 위 내시경을 해서 원인을 더 파악하자고 합니다.

2. 그때의 나의 느낌, 혹은 반응(5대 광야 - 백성들 : 원망 / 모세 : 기도)

1) 하늘이 무너지는 느낌이었습니다. 어떻게 이런 일이 일어날 수가 있는가?
2) 하나님께 원망스러운 마음도 들었습니다.

열심히 살아보려고 나름대로 얼마나 발버둥을 치며 살아왔는가? 그런데 다른 사람들은 평안한데 왜 나는 이렇게 힘들고 고통스러워야만 하는가? 그리고 하필이면 간 경화란 말인가? 회복될 수 없는 병이 아닌가? 내가 무슨 죄를 그렇게도 많이 저질렀다는 말인가?

3. 내게 주신 법도와 원칙 : 깨달은 하나님의 뜻

나를 목마르게 하신 주님, 감사합니다. 지금까지 제가 경험한 아내와의 관계를 다 이해도, 수용도 할 수 없었지만 주님은 나를 이 긴 목마름의 광야로 인도하셔서 내 힘으로는 할 수 없는 기도의 영역을 삶으로 살아오게 하셨습니다.

내 인생도, 내 아내의 인생도 다 주님의 주권 아래 있음을 인정합니다. 지금, 여기에서 우리에게 요구하시는 주님의 뜻을 가르쳐 주십시오. 겸손하게 받아들이겠습니다. 순종하겠습니다.

4. 나의 회개 : '출애굽 7단계 필터링 훈련' 적용하기

**1) 출 1장-11장 : 은혜(환경, 목자, 우상 찾아 깨뜨리기) - "이 불편한 환경도 주님의 은

혜의 인도하심입니다."

구속사 목자의 도움
텃밭의 겨울 난 야채를 좀 보내드려야겠다 싶어 멘토 목사님께 전화를 드렸습니다. 목사님이 아내의 병원 검진 결과를 물었습니다. 잠시 목이 매였습니다. 사실을 말했습니다. 목사님은 걱정하면서도 '이제야 목사님의 주특기인 기도의 용사로서의 힘을 발휘할 때가 아니냐?'고 하셨습니다. 그러면서 작정 기도하자고 하셨습니다. 아니 누가 내게 함께 기도하자고 한 사람이 있는가? 외롭고 힘든데 감동적이고, 감격스러웠습니다. 함께 식사하고 잡담할 사람들은 수두룩 하지만 기도 동역자가 있는가? 40일을 함께 작정하여 기도하기로 했습니다.

나의 우상 : 교만, 정죄, 불편함
아내는 마음이 한없이 연약한 사람인데, 내게로부터 사랑을 받기를 원했는데 나는 사모로서, 아내로서 너무나 못한다면서 미워하면서 살아왔던 지난 시간들이 생각났습니다. 심지어는 하나님께 기도하면서 '저 여자를 만나게 하신 것은 하나님의 가장 큰 실수입니다.'라며 하나님께 불평하고 따진 적이 많았던 것이 생각났습니다. 내가 죽을 것처럼 생각될 때 함께 기도하자고 해도 거절해버리는 아내가 너무나 섭섭하고 미웠던 것입니다. 이것은 부부의 도리가 아니라고 마음이 너무 큰 아픔으로 닫혀 버렸습니다. 성령의 은사가 많으신 장모님을 통해 어린 시절부터 기도훈련을 많이 받아온 아내는 은사 사역에 대한 강압, 부담들이 큰 눌림이 되어 결혼 이후에는 오히려 은사 사역을 도피하는 성향으로 살아왔습니다. 이 문제는 늘 내 마음을 괴롭게 했습니다.

2) 출 12장 : 유월절 언약 확인하기 - '누룩, 피, 공급, 정체성' 4 항목 중에서 걸리는 문제
아내를 정죄하고 미워했던 것은 명백한 죄였습니다.
그를 적군으로 생각하고 늘 불편한 마음을 가지고 살았던 일들이 너무나 하나님께 죄송스러워서 견딜 수가 없었습니다.

3) 출 13장 : "광야 같은 상황이라도 나는 하나님을 예배하는 제사장입니다."
하나님의 주권을 인정하고 아내를 수용, 이해, 품어야 할 내가 문제가 드러날 때마다 정죄하고 심판하며 살아왔음을 확인했습니다.

"맞습니다. 주님이 이리로 인도하셨군요."
그런 아내로 인하여서도 감사하고 기도했어야 했는데...

4) 14장 : 세례받은 자 - "나는 아무것도 아닙니다. 주님이 내 인생의 주인이십니다."

새벽 기도 후에 병원에 입원해 있는 아내에게 바로 전화를 했습니다. 아내의 음성을 듣자 나도 모르게 설움과 눈물이 쏟아졌습니다. "여보, 내가 잘못했소. 당신이 이렇게 된 것은 내 잘못이오. 미안하오. 내가 정말로 잘못했소."

전화기를 통해 들려오는 아내의 음성은 따뜻했습니다. 그러면서 '사순절 묵상'을 내게 보내줬습니다.

대강의 내용은 "내 생애에 폭풍이 있었기에 주님께 달려갈 수 있었고, 십자가를 주셨기에 주님의 마음을 배울 수 있다."는 그런 내용이었습니다. 그 내용을 보니 또 눈물이 솟았습니다. 속으로 '여보, 미안해, 여보 그런 마음을 먹을 수 있어서 너무 고마워'라고 했습니다.

5) 출 15장 수르 광야 : "기대에 어긋나면 회개하고 말씀의 기준으로 돌아가자."

너무나 외롭고 힘들었습니다. 세상에 의지할 데가 한 곳도 없는 것 같았습니다. 강단에 가서 다시 엎드렸습니다. "아버지! 제가 잘못했습니다. 전에는 아버지가 내게 실수하신 거라고 항변했는데, 정말 잘못했습니다. 죄송합니다."

모든 결정, 주권, 미래를 다 아버지 손에 올려드리고 신뢰의 기도를 드리는 일이 지금의 제가 해야 할 일 같습니다. 현재 진행 되어지는 일들에 대한 무조건적인 수용과 신뢰, 감사로 주님께 엎드립니다.

"지금까지도 주님이 인도하셔서 여기까지 왔습니다. 이후에도 주님께서 어디로 인도하시든지 묵묵히 따라갈 수 있습니다."

6) 시내산 - "사랑은 율법의 완성입니다."

결혼해서 캄보디아에서 한국에 와서 살면서 세계적인 당구 선수가 된 '스롱 피아비'에 대해 유튜브에서 봤습니다. 그녀는 캄보디아에서 중학교도 제대로 다니지 못한 열악한 조건으로 살았습니다. 그런데 남편이 적적해하는 그녀를 데리고 당구장에 가서 심심풀이로 당구를 쳤는데 그 때 그녀의 재능을 알게 돼 남편의 외조로 세계적인 선수가 되었습니다. 아내를 위해 희생, 헌신한 것입니다.

그는 자신의 행복과 평안을 위해서 여자를 만났을 텐데 아내를 위해서 희생하며 세계

적인 선수로 키우다니······
이를 보며 나를 바라보았습니다. 나는 아내에게 어떻게 했는가? 아내로서, 사모로서 기대치를 강요하지 않았던가?

7) 내 안의 성전 건축 : 내 안에 형성된 주님의 성품
돌이켜 생각해 보니 40년을 거의 하루에 3시간 이상씩 기도해 온 나의 기도의 습관이 생각났습니다. 결국 아내에게 기대했던 기도의 분량을 얻지 못하니 내가 채울 수밖에 없음을 깨닫고 아내 분량까지 기도하게 되었습니다. 내가 너무 목이 말랐기에 나의 반석이신 예수님께 메어 달릴 수밖에 없었습니다.
"아, 그랬구나." "주님, 그러셨었군요."
사실 처음 간경화의 진단을 받았을 때에는 절망적인 상황이었지만 새로운 기도에 대한 의욕이 다시금 솟아 올라왔습니다.
"하나님은 제게 수없이 용서하셨고, 그때마다 또 기회를 주셨는데 저는 매번 저버렸습니다. 도저히 하나님을 부를 수도 없는 너무나 반복해서 넘어지고 넘어져서 입이 열 개라도 할 말이 없다는 생각에 제 마음이 더 아픕니다.
오늘 하루 종일 회개 기도를 했는데 제 자신이 너무 신실하지 못하고 죄가 보여서 고통스럽습니다."

8) 아내를 향한 섬김, 성막 건축
씨 뿌리는 비유에 대한 설교를 준비하며 '가시 떨기' 노랫말을 묵상했습니다. 가시에 막혀 열매를 맺지 못한 씨! "내가 가시나무가 아닌가?"라는 생각과 가시나무 노래를 여러 번 들으며 가시나무 가지에 앉아있는 가엾은 새를 이미지로 보았습니다. 날카로운 가시나무 가지에 앉아있는 작은 새가 아내로 오버랩 되었습니다.
내 안에 있는 가시로 인해서 아내는 얼마나 힘들고 고통스러웠을까? 아내는 내게서 사랑을 받고 싶어 했는데, 내가 품에 안고 감싸며 살았어야 했는데 아내에 대한 나의 모든 기대가 무너지면서 마음속으로 아내를 내쳤던 나의 모습이 보였습니다.
그리고 또 생각이 나는 것은 함께 살고 있는 아내도 행복하게 하지 못하고, 돌보지 못한 내가 세상에 수많은 사람들을 감동시키고 세운다고 한들 그것이 옳은 일인가? 나는 가짜가 아닌가?
내 가슴을 쳤습니다. '아버지, 제가 잘못했습니다. 아내가 저렇게 된 것은 제 탓입니다. 제가 잘못했습니다. 아내를 살려주세요, 저를 살려주세요.' 눈물이 쏟아졌습니다.

"Why Me"가 생각났습니다. 알래스카의 요셉이라 불리는 저자가 미국에서 간이 망가져서 죽게 되었지만 몸부림쳐 기도하고 하나님께서 인도하시는 대로 식이요법을 했더니 기적적으로 완치되었다는 내용의 책입니다.
"그래 아내에게도 이런 생수가 솟아나기를 기도하자. 이를 위해 특별한 일이 없는 한 하루에 세 번 기도할 것이고, 새벽과 저녁으로는 꼭 기도할 것이다."
내가 아내를 향한 마음과 태도를 전적으로 바꾸자 아내가 달라졌습니다. 오후 기도 시간에는 함께 성전에 나가 기도하기 시작했습니다. 40여 년 만에 처음 있는 기적같은 일입니다.
"내가 낮추니 주님이 역사하시는구나. 감사, 감사합니다. 주님"

5. 수르 광야를 지나면서 달라진 나의 모습

나는 열심히 살았지만 아내는 사모로서나 아내로서 그렇지 않았다고 생각했습니다. 나의 행복하지 못한 마음, 목회를 활발하게 펼치지 못함이 아내를 잘못 만나서 그렇다고 생각하며 원망하기도 했었습니다. 너무나 죄송하고 부끄러워 계속 회개 기도를 했습니다. 그런데 그 일이 나를 더욱 엎드리게 하고 겸손하게 하기 위해 이끄신 수르 광야라고 해석하니 전혀 다른 세상이 펼쳐졌습니다.
나의 기대와 하나님의 배려는 달랐다는 생각으로 정리가 되었습니다.
마음에 전과 다른 평안이 채워져 가는 것을 느끼게 되었습니다.
모든 게 새롭게 해석되기 시작했습니다.
평안, 행복, 생명 에너지가 강줄기처럼 내 안에서 흐르고 있는 것을 느낍니다.
이것이 요한복음 7장에서 말씀하신 생수의 강인가?
저녁때는 해변을 함께 걸으면서 맨발걷기를 하고 있습니다.
상상할 수 없었던 기적 같은 일들을 보면서 이것이 광야의 은총이구나 감사의 찬양을 올립니다.
"주님, 나의 목마름, 나의 실망, 나의 기대에 어긋남... 나의 수르 광야로 인하여 주님께 찬양과 영광을 올려드립니다. 나의 고통이, 나의 절망이 고통의 눈물인줄 알았더니 오히려 찬송이 되었습니다.
찬양과 영광을 받으소서. 아멘, 아멘!"

요 7:37 명절 끝날 곧 큰 날에 예수께서 서서 외쳐 이르시되 누구든지 목마르거든 내게로 와서 마시라

7:38 나를 믿는 자는 성경에 이름과 같이 그 배에서 생수의 강이 흘러나오리라 하시니

7:39 이는 그를 믿는 자들이 받을 성령을 가리켜 말씀하신 것이라 (예수께서 아직 영광을 받지 않으셨으므로 성령이 아직 그들에게 계시지 아니하시더라)

사 43:7 내 이름으로 불려지는 모든 자 곧 내가 내 영광을 위하여 창조한 자를 오게 하라 그를 내가 지었고 그를 내가 만들었느니라

제7강

신 광야 탈출기
(출 16장)

* 신 광야 복음 선포

"나의 공급자는 하나님이십니다. 나는 내 인생의 주권을 드렸습니다. 나의 매일 일상의 우선순위는 하나님을 존중하고 높여드리는 예배입니다."

* 신 광야 통과 원리 / 작성 원리

1. 하나님께서 인도하신 광야(환경의 어려움) - 해결해야 할 문제
2. 그때의 나의 느낌, 혹은 반응 (5대 광야 - 백성들:원망 / 모세:기도)
3. 하나님의 인도하심 : 어떻게 풀어가셨는가?
4. 하나님의 말씀, 깨달음
5. 내가 얻은 응답, 나의 달라진 자세 : 광야를 통하여 만난 말씀(진리의 원칙), 하나님 = 존중, 예배, 높여드림
6.. 반대 급부의 마음 : 원망, 불평, 대적, 불안, 두려움, 염려...
7. 광야(세례) 훈련 : 내가 죽고 그리스도가 사시는 변화된 삶
   1) Sudden conversion - 그때 바로 바뀐 것
   2) Gradual conversion - 그 이후로 변화되어 가고 있는 것

{ 재정 문제 풀어가기 }

○ ○ ○ 목사

1. 하나님께서 인도하신 광야(환경의 어려움) - 해결해야 할 문제

1) 신대원에 다닐 때 폐결핵에 걸려서 각혈을 하였습니다. 돈이 없어서 약을 사 먹지 못했습니다. 그런데 마침 고등학교 동창 친구가 약사여서 결핵약을 공급받을 수 있었습니다. 신학교가 집에서 멀어서 버스를 갈아타고 다니던 일이 건강에 무리가 되었던 것 같습니다. 그리고 시간만 되면 밤에 기도원에 올라가서 산 기도를 했고, 또한 교회도 집에서 멀어서 많은 체력 소모를 가졌습니다. 주일에도 하루 종일 교회에서 봉사 하였습니다. 지혜도 없고, 무리고 하고 그래서 병이 생긴 것 같습니다.

2) 최근에 동생 사업이 어려워서 선교비를 전혀 지원해 주지 못한 달도 있었고 반만 주기도 했습니다. 선교비를 여러 나라 여러 선교사님들을 후원하고 있는데 선교비를

줄여야 할지 아니면 끊어야 할지 많은 고민을 하였습니다.

2. 그때의 나의 느낌, 반응(광야백성들: 원망, 불평 / 모세:기도)

1) 병이 들어서 각혈할 때 두려움이 있었습니다. 불평하거나 원망은 하지 않았지만 돈도 없는데 어떻게 병을 고쳐야 할까 염려가 되었습니다. 그러나 신학교를 휴학할 수도 없고 교육전도사로 교회를 섬기는 일도 포기할 수도 없었습니다. 그 때는 정말 어떻게 해야 할지 몰랐습니다.

2) 코로나가 한참 진행 중일 때 지원하는 필리핀 선교지에서 자녀들은 많은데 부모가 일을 나가지 못하니 많은 자녀들이 배고파했습니다. 그 기회를 통해 선교비를 보내서 쌀을 공급해 줌으로 전도도 많이 하고 그리스도의 사랑을 그들에게 베풀 수 있었습니다. 지금까지 동생의 사업이 하나님의 은총으로 어려운 가운데서도 잘 이겨 나오게 하셔서 감사했습니다.

차츰 구제비는 줄이고 제자 양육 받는 사람들을 돕도록 선략을 바꾸게 되어서 선교비 지원을 줄여가고 있습니다.
지금까지 도우시는 하나님께 감사하기도 하고 아쉽기도 하고 동생의 사업이 어려움을 겪을 때마다 후원이 끊겨서 선교비 지원을 못 할까 봐서 많이 염려했습니다. 공급자가 하나님이신 것을 고백하면서도 충분하게 기도하지 못하고 오히려 막연하게 바라만 볼 때가 많았었음을 돌이켜 보고 회개합니다.

3. 하나님의 인도하심 - 어떻게 풀어 가셨는가?

1) 몸은 병들고 신학 공부는 마쳐 가지만 교회사역도 해야 하는 어려운 때에 같은 교회에서 사역하고 있는 교육전도사님이 중매를 섰는데 자기 아내 친구를 소개해 주었습니다.
독일 간호사로 일하다가 결혼하기 위해서 휴가를 얻어서 한국에 왔는데 오산리 기도원에서 배우자를 놓고 기도하다가 나를 만나게 되었습니다. 휴가가 끝나가서 바로 독일로 돌아가야 해서 만난 지 3주 만에 급하게 결혼을 하게 되었습니다.
함께 독일로 가서 쉬면서 말씀 보고 기도하고 잘 먹고 쉬면서 좋은 독일 약을 먹으니까 폐결핵이 치료받게 되었습니다. 그리고 한인 교회를 개척했는데 십일조를 하는 믿음 좋은 간호사들이 많이 우리 교회에 출석해서 금방 자립하게 되어서 독일 노동자들이 받는 생활비 정도를 받게 되었습니다. 경제적으로 어려움이 없게 되었습니다. 목회지가 생기고 결혼을 해서 가정을 이룰 수 있도록 하나님께서 인도해주셨습니다. 주님께 감사와 찬양을 올렸습니다.

2) 공급자이신 하나님께 동생 사업을 맡겼습니다. 일감이 없어서 다음 달도 선교비를 후원할 수 없다고 하는 상황에서 하나님께서 직접 일감을 주셔서 선교비를 후원할 수 있도록 기도했더니 생각지도 못했던 뜻 밖의 일감이 생겨서 그달분 선교비를 지원받아서 선교지에 보내게 되었습니다.
광야에서 공급하시는 성부 하나님께서 공급자이심을 실감하면서 한 달, 한 달 살고 있습니다. 모든 영광을 하나님께 올려 드립니다.

4. 깨달음 : 하나님의 말씀

1) 하나님 말씀

눅 6:38 주라 그리하면 너희에게 줄 것이니 곧 후히 되어 누르고 흔들어 넘치도록 하여 너희에게 안겨주리라 너희가 헤아리는 그 헤아림으로 너희도 헤아림을 도로 받을 것이니라

전도사 때 3년 동안 생활비도 못 받고 도리어 개척교회인 담임 목사님 생활비를 돕고 주일학교 성경학교 행사 경비를 직장을 다니는 여전도사님과 함께 부담했습니다. 적게 심었지만 흔들어 넘치도록 주셨고 구하고 생각하는 것보다 더욱 멋지고 아름답게 부어주셨고 복된 길로 인도하여 주셨습니다. 주님께 영광을 돌렸습니다.

시 41:1 가난한 자를 보살피는 자에게 복이 있음이여 재앙의 날에 여호와께서 그를 건지시리로다
41:2 여호와께서 그를 지키사 살게 하시리니 그가 이 세상에서 복을 받을 것이라 주여 그를 그 원수들의 뜻에 맡기지 마소서

선교는 하나님의 지상명령이요 가난하고 어려운 선교지에서 수고하시는 선교사님들과 현지 목회자들을 돕고 청소년 장학금을 지원했습니다. 공급자 되시는 성부 하나님께 맡겼더니 신실하게 하나님의 방법으로 공급해 주시는 것을 경험하고 있습니다. 사업하는 동생이 나의 공급자가 아니고 하나님 아버지께서 공급자이시고 동생은 심부름꾼이므로 나는 사업하는 동생을 위해 기도했습니다. 만왕의 왕이시고 창조주 하나님이 나의 아버지가 되시기 때문에 성부 하나님께서 도우실 것이라는 것을 믿었더니 그 믿음대로 계속 응답해 주고 계십니다.

5. 내가 얻은 응답, 달라진 나의 삶 : 광야를 통하여 만난 말씀(진리의 원칙), 3위 하나님

지금까지 합력해서 선을 이루시는 하나님께서 복된 길로 인도하시는 것을 체험하였습니다.
"하나님의 선하심과 인자하심이 정녕 나를 따르리니…"라고 고백하는 다윗의 시편을 보면서 나의 일생동안 하나님의 선하시며 인자하심으로 고통과 어려움을 하나님이 사랑과 선하심으로 인도하심을 깨닫게 됩니다.
지금의 어려움과 광야도 말씀을 붙잡고 전적으로 하나님을 의지하며 모든 염려를 하나님께 맡기고 기다리면 하나님께서 구하고 생각하는 것보다 더 넘치고 복되게 인도하실 것을 믿고 맡기고 기도합니다.

* 광야를 통해서 만난 말씀
    빌 4:6 아무 것도 염려하지 말고 다만 모든 일에 기도와 간구로, 너희 구할 것을 감사함으로 하나님께 아뢰라
    4:7 그리하면 모든 지각에 뛰어난 하나님의 평강이 그리스도 예수 안에서 너희 마음과 생각을 지키시리라

    사 58:10 주린 자에게 네 심정이 동하며 괴로워하는 자의 심정을 만족하게 하면 네 빛이 흑암 중에서 떠올라 네 어둠이 낮과 같이 될 것이며
    58:11 여호와가 너를 항상 인도하여 메마른 곳에서도 네 영혼을 만족하게 하며 네 뼈를 견고하게 하리니 너는 물 댄 동산 같겠고 물이 끊어지지 아니하는 샘 같을 것이라

6. 반대 급부의 마음 : 원망, 불평, 대적, 불안, 두려움, 염려

내가 나이도 이제 80인데 선교비를 계속 후원할 수 있을까 염려가 됩니다. 그리고 코로나 이후 세계 경제가 다 어려워져서 우리나라도 경제가 어려워지는데 동생 사업이 잘 될까 하는 염려도 있습니다. 그러나 지금까지 기도하고 기다릴 때마다 감사하게도 일감을 챙겨 주시는 아버지의 세심한 배려들을 경험합니다. 아버지, 감사합니다.

7. 광야(세례) 훈련 - 내가 죽고 그리스도가 사시는 변화된 삶

Sudden conversion - 그때 바로 바뀐 것
신 광야를 겪으면서 내가 염려하고 내가 불안하게 생각하는 것들도 하나님께 맡기고 기도하면 공급자이시고 전능하신 하나님께서 당신의 방법대로 인도하셨습니다. 어려서 혼자 예수 믿고 후일에 부모 형제들을 전도했기 때문에 기도 후원자가 부족해서 늘 아쉬웠습니다.
그러나 하나님께서 친히 아버지가 되시고 목자가 되셔서 잘사는 독일로 인도하셔서 한인 교회를 세우게 하시고 부흥시켜주셔서 선교후원을 받지 않아도 될 상황으로 도우셨습니다.
나에게 세계 선교의 꿈을 주신 주님께서 동구 공산권 지하교회 선교도 할 수 있게 하시고, 신학교를 세워서 한국 선교사들이 갈 수 없는 지역에 선교사도 보낼 수 있게 하셨고, 아프리카에 선교사를 파송해서 아프리카 선교도 하게 하셨습니다.
나는 아무것도 할 수 없는 것을 아시고 주님이 친히 목자가 되셔서 내가 생각할 수 없는 귀한 길로 인도하여 주셨습니다.

Gradual conversion - 그 이후로 변화되어 가고 있는 것
61세에 섬기던 교회에서 조기 은퇴하고 중국 유학생 교회를 하게 하셔서 미래의 중국의 인재를 키워서 중국의 수준 있는 대학이 많은 도시에서 중국의 수준 있는 지식층들에게 복음을 전하고 제자 훈련을 하고 있습니다. 그들에게 목회와 제자훈련을 잘 시키고 있습니다.
그동안 바쁘게 목회, 선교하느라고 하나님의 말씀을 제대로 배우지 못했는데 목성연을 통해서 체계적으로 말씀을 배우게 되었습니다. 목회만 했지 제자 훈련을 제대로 시키지 못했는데 지금은 영상으로, 인터넷 줌으로 캄보디아, 필리핀, 중국으로 제자 훈련을 시키고 있습니다.

너희는 가서 모든 족속으로 제자를 삼으라는 말씀따라 제자 훈련을 시키려고 합니다. 육신의 양식, 필요한 물질만이 아닌 영적인 것, 사역적인 모든 것을 공급하시는 공급자 되시는 우리 아버지께 찬양과 영광을 올려드립니다.

제8강

르비딤 광야 해결하기
(출 17장A)

* 르비딤 광야 복음 선포

"나의 행복은 기도함으로 성령님으로부터 옵니다.
문제가 오면 나는 반석이신 예수님께 나아가 그 일로 인하여 오히려 생수의 강을 경험합니다."

* 르비딤 광야 통과 원리 / 작성 원리
1. 감정관리, 마음의 안정을 위해서는 사고 전환 훈련, 감정 치유가 필요합니다,
* 사고 전환 - 나의 사고 구조 속에서 인지 왜곡 찾기, 논박하기 훈련
* 감정 치유 - 감정 일기 쓰기(저널링), 내면 아이 안아주기:왼손, 오른손 쓰기, 감사일기 쓰기
3. 말씀 중심(출애굽기, 로마서 공부), 기도 생활 중심(100업 기도로 문제 올려드리기), 예배 생활 중심(3위 하나님을 매일 예배하고 따르기) 훈련
4. 성령님과의 교통의 삶(지성소) - 대화, 소통, 기도의 삶 : 마음이 눌릴 때마다 셀프 토크, 100업 기도를 감정이 풀릴 때까지 올려드립니다(찬송가 370장 1절, 539장 1절 여러번 부르기).

{ 대장암에 걸린 김집사의 두려움, 염려 위기 탈출기 }

김ㅇㅇ 집사

저는 작은 기업에 다니는 남편과 딸아이가 둘이 있습니다. 웃어른들께 배우고 교회와 학교에서 가르침 받은 대로, 나의 역할은 남편을 출세시키고 아이들이 공부 잘하여 좋은 대학에 다니도록 한 현모양처의 삶을 살았다고 자부할 수 있습니다. 엉덩이를 제대로 땅에 붙여 볼 시간도 없이 바쁘게 살아온 기억밖에는 없으니까요. 이제 가족들은 다 원하는 기대 이상 잘 되었는데 40대 후반인 제가 대장암에 걸려서 수술을 했지만 예후가 좋지는 않습니다. 남편은 초긴장의 모습으로 나를 대하고, 아이들은 매 시간마다 웁니다. 한 가족임을 실감했습니다. 몸은 많이 힘들지만 나의 희생이 결코 헛되지 않았다는 마음의 행복은 있었습니다. 하지만 가족은 거기까지였습니다. 두 달, 세 달이 지나면서 남편의 얼굴에서 지친 모습을 봅니다. 때로는 짜증스러운 표정도 보입니다. 아이들도 자기 생활이 바쁘다며 종일 혼자 있어야 할 때가 점점 많아지게 됩니다. 이제 1년이 지났는데 남편의 귀가 시간은 점점 늦어집니다.

이제야 인생은 철저하게 혼자라는 사실이 실감나게 느껴집니다. 다들 자기들의 일과 앞날을 위하여 여전히 부지런히 살고 있는데 나는 여기에 혼자 남아있는 느낌입니다. 몸이 아프고, 마음에 두려움, 불안, 긴장이 계속되니 마음은 점점 어두워지고, 이른 새벽에 잠이 깨면 고통으로 불면의 시간들을 견뎌야 하고, 마음의 평안을 잃는 때가 많습니다.
가족만을 위해 열심히 달려왔던 자신에 대해 처음으로 후회와 어리석음을 느꼈습니다. 남편이 잘못한다는 게 아니고 아이들이 나쁘다는 얘기는 더욱 아닙니다.
다만 지금 돌이켜 보니 나의 삶이 어리석었다는 생각이 듭니다.
아무도 내게 내 삶이 치우쳐 있다고 말해주는 사람이 없었습니다.
만족해 했었고, 다른 삶이 있을 거라는 생각도 해 보지 못했습니다.
점점 사람이 미워지고 가족을 바라보며 기쁨으로 살았던 내 삶이 너무나 허무한 생각이 듭니다.
마음속에서 하나님인지, 내 자신인지, 가족인지 그 대상을 꼭 집어 말할 수 없는 어떤 배신감, 버림받은 느낌, 원망의 마음들이 꾸역꾸역 올라와 너무나 괴롭습니다.

나 자신의 내면세계를 돌아봄, 신앙의 성장, 하나님께 더 깊게 다가가는 친밀감, 깊은 마음을 나누는 주님과의 내화 등 이런 문제보다는 남편의 건강, 아이들의 성장, 가정의 행복…… 이런 제목들이 나의 신앙생활의 목표였고 삶의 보람이었다는 사실이 이제야 보여집니다.

지금 돌이켜 보니 내게 있어서 가족은 우상적인 의미를 가지고 있었습니다.
가족을 섬기고 돌보는 일이 나의 전부인 것으로 생각하고 살아왔었습니다. 그냥 그것이 다인 줄 알았습니다. 기도도, 신앙생활도, 믿음도, 봉사 생활도 오직 가족을 위하여, 가정의 행복, 그렇게 해야 가정이 복을 받는다고 생각하고 살아왔습니다.
그런데 내가 병들고, 내가 가족과 이별할 수 있다고 생각하니 뭔가 잘못 가고 있다는 사실이 비로소 보여졌습니다. 내게 있어서 주님은 내 가족을 돌보아주는 보호자이셨고, 나는 내 가정을 행복하도록 섬기는 도우미일 뿐이었습니다.

예수님의 역할도, 신앙생활의 목적도 결국 내 가정을 위한 것이었는데 이게 나의 신앙생활의 본질이었나?
이제야 무언가 큰 문제가 있었음이 보여지기 시작했습니다. 가족에 대한 나의 태도는 사랑이 아닌 집착이었음이 보여집니다. 가정은 내게 숭배의 대상, 가히 우상의 위치에 있었음을 깨닫고 회개합니다.

하나님께서 아브라함에게 이삭을 바치라고 하셨던 이유가 이런 마음 때문이었을까? 하는 생각으로 정리가 됩니다.

나름대로 구원의 확신도 있고, 신앙생활도 성실하게 한다고 했었지만 막상 위기를 만나니 마음은 불편하고, 열심히 살아온 나에게 하나님은 왜 이런 징벌을 내리셨나하는 원망의 마음도 슬멋슬멋 고개를 듭니다.

교회에서 셀장으로서 여러 해를 봉사하면서 어려운 사람, 암 환우들, 임종 환자 등 다른 사람을 돌보는 일은 잘했다고 생각했는데 정작 내가 암에 걸려 죽을 날을 준비해야 한다고 생각하니 도통 마음이 정리되지 않아 뒤죽박죽의 마음이 되어 버렸습니다.

내가 신앙이 있는 사람인가? 근본이 흔들리면서 너무나 당황스럽습니다.

남은 잘 도와주면서, 나의 내면생활은 전혀 돌보지 못한 너무나 연약한 상태라는 것이 깨달아집니다.

하나님께서 어떻게 나에게 이렇게 하실 수 있는가? 라는 서운한 마음, 원망, 불평의 마음이 올라올 때 이런 부정적인 생각, 마음은 신앙적인 자세가 아니라는 자신에 대한 비판, 정죄의 생각이 더욱 나를 힘들게 합니다.

이런 상황에서 믿음을 가진 자로서 어떻게 해야 할지 너무나 당황스럽고 고통스럽습니다.

지금 제가 어떻게 해야 이 불안한 마음을 극복하고 의연하게 설 수 있겠습니까?

저를 좀 도와주십시오.

문제제기 : "목자는 김집사를 어떻게 도울 수기 있겠습니까?"
(내가 곁에서 도와야 할 목자라고 생각하고 진지하게 접근해 보십시오.)

1. 김집사에게는 구원의 확신이 있었습니다. 그러나 그는 큰 위기를 만났을 때 너무나 크게 흔들리는 자신을 만나고 매우 당황해 합니다. 김집사가 갖고 있는 문제점은 무엇입니까?

1) 신앙적: 구원받았다는 확신을 뒷 받침하는 근거는 무엇일까요?

왜 하나님께 버림받았다는 생각이 들었을까요?

만약 마음을 지키지 못하고 계속 원망, 불평으로 나아 간다면 어떤 결과에 도달할까요?

그가 이러한 절망의 시간에 하나님을 전적으로 의지하고 신뢰하도록 도울 수 있는 방법은 무엇이 있을까요?

김집사에게 있어서 '신앙의 성장'이라는 개념은 무엇이었을까요?

2) 심리적: 그는 지금 무슨 문제로 스트레스를 받고 있습니까?

그의 마음을 만지고 격려할 수 있는 방법은 무엇일까요?

그의 마음 속에서 신앙의 의미는 무엇입니까?

3) 관계적: 가족과의 관계는 어떻게 풀어갈 수 있습니까?

가정을 우상적으로 섬기는 것과 그리스도의 사랑으로 섬기는 차이는 무엇일까요?

4) 지금 김집사에게 있는 가장 중요한, 가장 우선적인 과제는 무엇입니까? (성경읽기, 기도하기, 예배하기, 자신을 성찰하기, 영적 성장)

그가 직면해야 할 내면의 문제는 무엇입니까?

그 문제를 극복할 수 있는 방법은 무엇입니까?

2. 김집사가 지금부터 남은 시간은 '자신을 돌아보며 주님 만날 준비를 하겠다'고 말합니다.

내가 그의 목자가 되어 그와 자주 만나 도움을 준다면 어떤 도움을 줄 수 있겠습니까?(1년의 기간을 가정하고)

3. 김집사에게 예수님을 마음 중심에 모시는 훈련을 할려고 합니다. 어떤 접근을 시도할 수 있겠습니까?

1) 영적: 김집사가 더 하나님께 가까이 갈 수 있는 방법은 무엇입니까?

2) 내면적: 마음이, 생각이 흔들리고 있습니다. 어떻게 그의 마음에 안정과 평안을 얻도록 도울 수 있습니까?

3) 신체적: 몸이 아픕니다. 불면증으로 시달립니다. 암에 대한 불안감이 수시로 그를 괴롭힙니다. 어떻게 도와야 합니까?

4) 관계, 환경: 가족에 대한 원망스러운 마음은 어떻게 풀 수 있습니까? 그가 자신에게 나타난 환경적인 위기(광야)를 어떻게 받아들여야 합니까?

4. 인격, 성품, 내면의 접근 - 그가 직면하고 극복해야 할 내면의 문제는 무엇입니까?

1) 정서적: 김집사의 다운되는 감정, 불안한 감정을 바꿔주려면 어떻게 해야 합니까?

2) 지적: 김집사의 생각이 바뀌어야 합니다. 어떤 방향으로 정리를 해야 합니까?

3) 의지적: 김집사에게 어떤 결단, 어떤 순종을 요청할까요? 그 행동을 반복하여 훈련할 수 있도록 도울 수 있습니까?

4) 영적: 김집사가 이 위기를 극복하고, 하나님의 사랑을 느낄 수 있도록 하려면 어떻게 해야 합니까?

5. 김집사를 위한 실행계획을 만들어 보십시오.

매일의 실행계획? - 구체적으로
변화를 기대하는 항목들은? - 체크 리스트 만들기
어떤 성과를 기대하십니까? 혹은 이런 훈련을 시켰을 때 어떤 성과가 나타날까요?
전체 과정을 몇 단계의 기간으로 나누어서(가능하면 상세하게)

6. 김집사가 가지고 있는 최대의 장점(resource)는 무엇입니까?

7. 김집사가 갖고 있는 약점(장애요소)은 무엇입니까?

이 과정을 진행해 나가는데 예상되는 어려움은 어떤 것이 있을까요?

8. 김집사를 세워 줄 수 있는 주변적인 여건은 무엇이 있을까요?

9. 훈련이 마무리된 1년 후에 김집사에게 기대할 수 있는 모습은 어떤 모습일까요?

10. 목자로서 김집사를 돕는 동안 김집사를 향해 선포해줘야 할 언약의 말씀은 무엇입니까? - 매일 함께 선포할 약속의 말씀들

11. 배운 바 출애굽기 말씀으로 김집사를 돕는다면 어떻게 도울 수 있겠습니까?

1) 말씀 읽기, 말씀 묵상
2) 예배 생활 돕기
3) 기도 생활 돕기
4) 마음의 안정, 평화
5) 루틴, 습관 계획 세워서 목자와 함께 나누기

12. 로마서 말씀으로 김집사를 돕는다면 어떻게 도울 수 있겠습니까?

* 8강 내용의 마무리는 부록 166쪽을 참조하십시오.

제9강

아말렉과의 싸움 극복하기
(출 17장)

* 아말렉 원수와 싸울 때 드리는 복음 선포
"나는 절대로 구속사를 대적하는 아말렉 짓은 하지 않을 것입니다.
'모아홀 중보팀'을 만들어 기도로 영적 전쟁들을 치루어 나갈 것입니다.
나는 나를 부르신 아버지의 뜻을 깨달아 거기에 합당한 수준의 훈련을 받을 것입니다."

* 아말렉과의 전쟁 통과 원리 / 작성 원리
1. 나의 회개 : 고통의 사건, 상황을 7단계 구속사 여정으로 적용, 필터링 하기
2. 내가 누구인지, 내가 어느 편에 서있는지 나의 정체성 확인하기
3. '모아홀 중보팀' 만들어 도움받기, 영적 전쟁에 임하기
4. 부르심에 합당한 적절한 수준의 훈련에 헌신하기

* '아말렉'의 상징적 의미
1. 구속사의 진행을 가로막는 외부의 적, 나를 적대시하는 힘들게 하는 사람
2. 나의 내면의 육성, 본능적 욕구(아말렉은 육성을 상징하는 에돔족임, 내주하시는 성령님과 충돌함. 출 17:16 하나님께서는 아말렉과 대대로 싸우십니다.)

{ 나의 일생을 힘들게 한 못난이 콤플렉스 극복하기 }

○ ○ ○ 선교사

1. 사건 : 하나님께서 인도하신 광야, 아말렉과의 싸움

내 인생 속에서 나를 가장 힘들게 했던 아말렉 적은 '내 안의 못난이 콤플렉스'입니다. 나는 생김새나 재주나 뛰어난 부분이 전혀 없이 태어났습니다. 어쩌면 형제들이 많은데 여자로 태어난 것 자체가 납득이 가지 않습니다. 잘생긴 오빠 그리고 못난이 나, 잘생긴 동생 넷, 아무리 생각해도 이해가 가지 않은데, 사람들이 또 비교하면서 "예쁜 것이 서로 바뀌었으면 좋았을 텐데..." 라는 심한 말까지 했습니다. 나는 기죽지 않기 위해 재미없는 공부 외에는 다 잘했습니다. 아니, 제일 먼저 배워서 무식한 형제들을 제압했습니다. 장기, 바둑, 스케이트, 테니스 심지어 달리기까지 잘했습니다. 눈도 밝고 말도 제일 잘했습니다. 밥상에 둘러앉아 재밌는 얘기를 하는 사람은 항상 나였고, 형제들은 깔깔대며 추임새만 덧붙였습니다.

그렇지만 못난이 콤플렉스는 극복이 되지 않았습니다. 게다가 성격도 급해서 실수도 많이 합니다.
더욱이 쉽게 판단하여 분노하고 화를 냅니다. 가끔 상대방의 말을 듣다 보면 앞뒤가 맞지 않고 상황 따라 말이 달라지고 진실하지 않음이 보이면 이때 참지 못하고 따지고 핀잔을 줍니다.

2. 그때의 나의 느낌, 나의 반응은 어떠했는가?

'못난이 콤플렉스'와 서두름, 그리고 참지 못함, 이 모든 것이 나를 더욱 움츠러들게 했고, 실수할 것 같으면 발표도 잘 하지 않았습니다. 이름을 불러 지적하면 할 수 없이 답변하곤 하였는데 잘했다고 칭찬을 들어도 여전히 발표하는 어려움이 줄어들지 않았습니다.

3. 내게 주신 법도와 율례 : 깨달은 하나님의 뜻

창세기 1:27 "하나님이 자기 형상 곧 하나님의 형상대로 사람을 창조하시되 남자와 여자를 창조하시고"라는 말씀에 의하면 하나님이 친히 자신의 형상으로 지어 주셨는데 내가 못난이로 사는 것은 그분의 작품에 대한 불평이라는 생각이 들었습니다. 독특한 존재인 나 자신을 다른 사람과 비교하는 것은 옳지 않다고 생각하였습니다. 또한 다른 사람의 판단이 나를 지배하게 해서는 더욱 안 된다고 생각하였습니다.
사실 "내 얼굴은 내 것이 아니다. 나보다 다른 사람이 더 보고 있기 때문이다. 난 예쁜 사람들 보고 살고 즐거워하면 되는 것이다." 그렇게 생각하니 못난 이로써 미안한 생각이 들었습니다. 내 얼굴로 다른 사람들에게 이바지할 수 없을까? 좋은 인상! 그렇지! 못난이로도 봉사할 수 있는 것이 있다면 환하게 웃으며 칭찬할 것을 찾아 격려하고 위로하는 것으로 생각하였습니다.
"노하기를 더디 하는 자는 용사보다 낫고 자기의 마음을 다스리는 자는 성을 빼앗는 자보다 나으니라"(잠 16:32)라는 말씀과는 반대로 노하기를 속히 하고 마음을 잘 다스리지 못했으니 얼마나 큰 잘못입니까?
하나님의 뜻은 못난이로 급하게 살지 말고 웃으며 여유를 가지고 섬기며 살라 하시네!

4. 나의 회개 - 출애굽 7단계 적용 필터링

1) 출 1-11장, 은혜(환경, 목자, 우상 찾아 깨뜨리기) - "이 불편한 환경도 주님의 은혜로운 인도하심입니다."

못난이니까 잘난 척하지 않아 편했고, 또 다른 못난이들을 봐줄 수 있어 감사했습니다. 이 또한 아버지께서 내게 주신 큰 은혜 아닌가!

2) 출 12장 : 유월절 언약 확인하기 - '누룩, 피, 공급, 정체성' 4항목 중에서 걸리는 문제

나 같은 못난이를 위해서도 주님이 대속하여 주시고, 약점이 많은 못난이로 대해 주시지 않으시고, 구원 사역에 소원을 두고 행하게 하신 그 사랑, 그 은혜가 크십니다. 자존감도 낮고 부정적이니 마음이 상당히 왜곡되어 있었습니다. 칭찬을 받을 줄도, 할 줄도 모르고 못난이로 살았습니다. 형제나 친구들이 내가 말을 잘 해서 한때는 좋아했지만, 사춘기를 맞아 말수가 적어지고 삶에 대한 의미도 재미도 없이 죽음만을 사모하며 살게 되었습니다. 아무도 눈치채지 못하게 자연사할 수 있는 방법을 찾고 찾아, 물속에 들어가 숨 쉬지 않기로 하였습니다. 유난히 물이 무서워 바닷가에 가도 물에 들어가지 않았습니다. 물을 좋아하니까 어머니께서 욕조에 물을 받아주곤 하셨는데 왜 그리도 물을 좋아하면서도 바다나 강물에 들어가지 못하는 줄 알지 못했습니다.

취학 전 어린 시절, 사찰 집사 딸이 정신이 좀 온전하지 못한데 나를 무등 태워 광양 앞바다로 걸어 들어간 기억이 어렴풋이 났습니다. 수영할 줄도 모르니 물에 빠져 죽어도 자살로 간주하지 않으리라 생각하고 물속으로 들어가 숨 쉬지 않았습니다. 아무리 가라앉고자 내려가도 몸이 떠서 수영의 원리만 깨닫게 되었습니다. 해가 질 때에야 집에 들어갔는데 고열로 인해 너무 추워서 밥도 먹을 수 없었습니다. 동생들을 불러 교회 방석을 모두 가져오라고 해서 동굴처럼 만들어 들어가 있어도 너무 추웠습니다. 지금은 흔하지만, 그때는 알지 못했던 편도선염이 돋았고, 고열로 심하게 앓았고, 약을 먹었는데 부작용으로 식도가 타는 듯 쓰렸습니다. 목구멍으로 넘어간 물이 어디쯤 내려가는 지를 인지할 정도였습니다.

해마다 여름이 오면 어김없이 그 병이 찾아왔습니다. 몇 해를 지났을까? 편도선염으로 고생하는 어느 날 굶어 죽기로 결심하고 며칠을 먹지 않고 있는데 가족들은 아무도 내게 말을 걸지 않았고 어머니는 단식하셨습니다. 며칠이 지났는지 기억나지 않지만, '내일이면 내가 죽을 거야, 쓸모없이 태어나 남을 고생시키면 안 되지' 생각하고 목욕하여 몸을 정갈하게 하고 엎드려 생각나는 모든 사람을 위하여 한 사람씩 기도했습니다. 마지막으로 내가 할 수 있는 선행 같았기에…. 그리고 의식 없이 깊은 잠에 빠져들었고 아침이 되어 밥상이 들어왔습니다. 아무 생각 없이 밥을 먹기 시작했고 밥을 먹고 나서야 내가 죽지 않았고 왜 밥을 먹었는지 이상했습니다. 통증도 사라졌습니다. 거울 앞에 입을 벌리고 편도선을 바라보았습니다. 계속해서 하얀 고름이 양쪽에 있었는데 감쪽같이 사라졌습니다. 나의 행동이나 생각, 통증 도무지 이해할 수 없었습니다. 그 후 한 번도 그러한 아픔은 찾아오지 않았습니다.

그러나 성대와 식도의 쓰림으로 찬양할 수 없었습니다. 좋아하는 찬양도 못하게 되어 기쁨도 사라지고 자존감은 더욱더 낮아졌습니다. 후에 알토를 잘하는 언니를 만나 따라 하다 보니 매력 있는 알토 음색이 되었다고 주위에서 칭찬하였습니다. 그런데 사람들의 칭찬이 오히려 기죽게 하고 비웃는 것 아닌가 하여 마음이 편치 않았습니다.

상담하는 중에 꼭 나와 같은 내담자를 만나게 되었습니다. 그녀는 자기의 부모로부터 받은 영향으로 그녀의 삶은 일그러져 있었고, 존재감도 자신감도 없었습니다. 잘 들어주고, 마음을 읽어, 느끼는 감정을 표현해 주자 울음을 터뜨렸습니다. 누구도 흉내 낼 수 없는 기품이 있고, 그렇게 장애인들을 잘 섬겼던 친구인데, 그러한 상처가 있다는 것을 상상할 수 없었습니다. 깎이고 달궈진 보석이 빛을 발하듯 마음고생이 있었기에 그녀만이 가지는 당참이 있었겠구나! 생각이 들었습니다. 나의 못난이 콤플렉스 역시 완벽주의 아버지로부터 온 것이었기에 그녀의 마음을 잘 이해할 수 있었고 상담도 잘 마칠 수 있었습니다. 상담이 끝나고도 많은 감사의 표현을 들었는데, 이는 전적으로 하나님께서 은혜를 주시어 이길 힘을 주셨기 때문입니다. 나의 정체성은 못난이로 멈춰 있는 것이 아닌 극복돼 가는 현재 진행형입니다.

3) 출 13장 : "광야 같은 상황이라도 나는 하나님을 예배하는 제사장입니다."
나는 어려서부터 주위 사람들에게 사랑을 받았습니다. 학교에 가면 아이들이 많이 내 곁으로 와서 책상 위에 높이 앉히고 의자에 앉아 내 얘기를 잘 들어줄 때도 있었습니다. 그러나 아버지의 목회 임지가 바뀔 때마다 초등학교를 옮겨 다녀 친한 친구가 없었습니다. 아이들이 나를 향해서 왕눈이, 분 바르고 다니는 아이, 전학 온 아이, 수학 잘 푸는 아이, 짱구 등의 별명을 부르는 것이 몹시 싫었습니다.
부모님을 교인들에게 빼앗겼다는 생각에 절대 전도사는 하지 않겠다는 결심을 하였지만 하나님의 부르심 앞에 순종할 수밖에 없었습니다. 목회를 하면서 부모님의 분주함을 조금은 이해할 수 있었습니다. 아버지가 살아계실 때는 전혀 느끼지도 못했던 부담감이 생겼습니다. 빚보증으로 삶이 어렵게 된 동생은 무절제함으로 망가지고 나무라니 피합니다. 부모님이 살아계실 때는 서로 왕래하던 가족들이 이제 남과 같이 살고 있습니다. 최소한 명절에 모여 예배했건만. 한 동생에게 말하자, "그냥 내버려 둬, 마음 상할 것 없이 각자 편하게 살게 그냥 놔둬! 우리끼리는 자주 만나서 골프도 치고 밥도 먹고 그래!" 아뿔싸! 캐나다에 살고 있는 동생만이 안타까워하면서 연락을 하지만 모두 기계처럼 AI로 살고 있습니다. 나의 가정에서의 제사장 노릇은 하지 못하고 있습니다. 함께 살고 있는 동역자, 동생 집에서는 자기 어머니의 추도일이나 명절에 예배를 부탁하여 함께 드립니다.

처음으로 고모라는 이름을 선사한 사랑하는 조카만이 "고모, 고모, 사랑해요, 보고 싶어요!" 귀국하여 거의 일 년이 되어가건만 8 조카들(five nephews and three nieces)이 있는데 세 명의 여 조카와만 교제하고 있습니다. 오빠와 동생은 내게 빚이 있으니 만나고 싶지 않겠지…. 생각하고 만나지 않는 것을 편하게 생각했었는데, 날이 갈수록 마음이 불편합니다. 이 가정에서 제사장 역할을 내가 해야 하나? 해야 한다면 어떻게 할 수 있나? 큰 부담이 되어 마음이 무겁습니다.

> 사 43:7 내 이름으로 불려지는 모든 자 곧 내가 내 영광을 위하여 창조한 자를 오게 하라 그를 내가 지었고 그를 내가 만들었느니라
> 43:19 보라 내가 새 일을 행하리니 이제 나타낼 것이라 너희가 그것을 알지 못하겠느냐 반드시 내가 광야에 길을 사막에 강을 내리니
> 43:20 장차 들짐승 곧 승냥이와 타조도 나를 존경할 것은 내가 광야에 물을, 사막에 강들을 내어 내 백성, 내가 택한 자에게 마시게 할 것임이라
> 43:21 이 백성은 내가 나를 위하여 지었나니 나를 찬송하게 하려 함이니라

4) 출 14장 : 세례받은 자 - "나는 아무것도 아닙니다. 주님이 내 인생의 주인이십니다."

남의 일, 남의 집안일은 척척 말도 잘하고 아이디어도 있는데 나의 가정의 일은 막막하기만 합니다. "하나님 아빠, 저는 무능하고 아무것도 아니지만 지혜를 주사, 어찌해야 할 바를 가르쳐 주세요. 아빠의 선하신 뜻은 가정이 화목하고 사랑하는 것이죠? 이제는 못난이 졸업하고 아빠가 세워주신 제사장 노릇 할게요. 네! 아빠, 제발! 아빠 알

려주세요. 아니 아빠가 해주세요. 아빠가 해주시는 일 따라가면서 아빠의 영광을 찬양하고 싶어요. 날마다 아빠에게 어린애처럼 조를 것에요. 응답받는 그날까지요. 예수님 이름으로 기도드려요. 사랑해요. 아빠!"

5) 출 17장 아말렉과의 전쟁, 광야 : "승리의 열쇠는 배후의 기도에 있습니다. 모세와 아론과 훌, 중보 팀을 만들어 합심하여 기도하라."

기도 부탁하면 절대로 잊지 않고 기도하시는 신실하신 내 어머니 같은 기도 대장 두 명을 임명하겠습니다. 열 분이 떠오릅니다. 모여서 기도하기 어려운데 줌으로 할까? 중보기도 팀에 부탁하면 일주일에 한 번이다. 먼저 헤어져서라도 내 가족 구성원의 화목을 위해 기도하라고 하고 잊지 않고 기도해 주는 사람 중에서 두 명을 뽑나? 무작위로 언제든 어디서든 기도만 해달라고 하나?

"한 사람이면 패하겠거니와 두 사람이면 맞설 수 있나니 세 겹줄은 쉽게 끊어지지 아니 하느니라"(전 4:12). 끊어지지 않을 세 겹줄로 기도할 중보 팀을 만들자! 선교지에서 후임을 맡아 사역을 잘하는 후배가 집까지 찾아왔습니다. 집안 형편을 얘기하고 아론의 역할을 당부하여 날마다 중보기도 해주기로 약속을 받았습니다. 또 한 사람은 곁에 있는 동역자에게 맡겼습니다. 그리고 토요일 줌을 통해 신실하신 분들과 함께 중보기도 하는데 기도 세목을 주고 함께 기노할 것이며, 토요일마다 묵상을 나누는 선교사들에게도 부탁하겠습니다. 생명 다해 기도해 주신 어머니가 그립고도 그립습니다. 어머니! 아버지! 사랑합니다. 두 분의 기도가 고픕니다.

6) 시내산 - "사랑은 율법의 완성입니다."

나의 아말렉은 못난이 콤플렉스와 성급한 분노입니다. 내가 하나님의 것이라는 엄연한 사실 앞에 자신을 스스로 못난이로 생각하는 것 자체가 큰 잘못이라는 것을 깨달았습니다. 나 자신도 사랑을 못 하면서 어떻게 내 이웃을 사랑한다고 할 수 있으리오. "네 이웃을 네 몸같이 사랑하라" 신 말씀대로 '못난이, 못난이' 하는 동안은 내 이웃이 다 못난이 되는 것 아닌가? 이제 나 자신을 사랑하기로 결심하고 거울을 보면서 웃기로 하였습니다. 해보니, 인상만 바뀐 것이 아니라 마음도 넓어지고 성급함이나 분노도 줄어든 것 같습니다.

"사랑은 이웃에게 악을 행하지 아니하나니 그러므로 사랑은 율법의 완성이니라"(롬 13:10) "무엇보다도 뜨겁게 서로 사랑할지니 사랑은 허다한 죄를 덮느니라"(벧전 4:8). 율법을 완성하고 허다한 죄를 덮기 위해서 나 자신을 사랑하자! 그리고 그 사랑으로 오빠와 동생을 사랑하자!

7) 내 안의 성전 건축 : 내 안에 형성된 주님의 성품
나이가 들어감에 따라 다른 사람들에게 좋은 인상으로 살아야 할 부담감이 있었습니다. 못난이로 태어나 인상까지 쓰고 있는 것이 인간관계를 어렵게 한다는 것을 어느 날 깨닫게 되었습니다. 웃다 보니 사람들이 예쁘다고도 하고 친근하게 다가섭니다. 못난이 콤플렉스를 완전히 벗어 버리고 정감이 넘치는 세워주는 사람으로 살고 싶습니다. 분노와 성급함을 깔끔하게 버리고 주님과 같이 섬김으로 봉사하며 살고 싶습니다. 대접받는 위치에서만 있다가 갑자기 섬기려니 나 자신이 어색하고 힘들지만, 부단히 노력하고 있습니다.

8) 외부 성막 건축 (히 3:1-6 모세도, 예수님도 성전 건축자)
나와 같이 자존감이 낮고 열등감이 심한 사람을 상담하여 위로하고 힘을 얻게 하고 스스로 문제를 해결해 가도록 돕고 있습니다. 또한 목적 없이 살아가는 청소년들을 코칭 하여 살아갈 목표를 세워 현실을 직시하게 하고 목표를 이루기 위하여 할 수 있는 옵션을 선택하게 한 뒤, 실천에 옮길 수 있도록 구체적이고 적절한 질문을 합니다. 5살 어린이도 코칭을 통해 엄마를 기쁘게 하도록 자신이 목표를 세우고, 구체적인 방법들을 말하고 실천하는 것을 보았습니다. 아무 목표도 세우지 않던 청소년들도 미래의 꿈을 향한 목표를 세우고, 실행계획까지 하는 것을 보게 되었습니다. 사람들을 돕기 위해 나름대로 하고 있지만 하나님께서 도와주셔야만 가능함을 알기에 지혜와 응답을 위해 간구합니다.

> 히 11:1 믿음은 바라는 것들의 실상이요 보이지 않는 것들의 증거니

> 막 11:23 내가 진실로 너희에게 이르노니 누구든지 이 산더러 들리어 바다에 던져지라 하며 그 말하는 것이 이루어질 줄 믿고 마음에 의심하지 아니하면 그대로 되리라
> 11:24 그러므로 내가 너희에게 말하노니 무엇이든지 기도하고 구하는 것은 받은 줄로 믿으라 그리하면 너희에게 그대로 되리라

5. 아말렉과의 전쟁, 광야를 지나면서 달라진 나의 모습

중보자의 기도를 힘입어 하나님의 사랑 받는 딸로서 당당하게 서서 내 사명을 감당하리라 결심합니다.

제10강

시내 광야
(출 18장)

* 시내 광야 복음 선포

"나는 드림팀을 만들어 목자를 보좌합니다.
'3인턴 4세대 구속사 산맥 이어가기'를 통하여 킹덤 빌더로서의 사명을 잘 감당할 것을 선포합니다."

* 시내 광야 통과 원칙 / 작성 원리

1. 부모, 목자, 영적 지도자... 하나님께서 나를 위해 붙여주신 구속사 목자로 인정합니다. 신뢰하고 존중하고 가르침을 따릅니다.
2. 우리의 만남이 구속사를 섬기는 만남이 되기를 기도하며, 할 수만 있다면 협력하여 그리스도의 몸 만들기, 하나님 나라 세워가기에 동참하기를 갈망합니다.
3. 복음의 빚진 자로서 구속사의 산맥 이어가기에 동참하기를 원합니다. - 전술 전략
   : 3인턴 4세대 훈련

{ 권위자와의 관계 문제 풀어가기 }

○○○○교회, 집사

저희 교회에 와서 가장 먼저 했던 일은 목사님과 사모님께 저의 삶의 모든 고민들을 얘기하였고, 두 분의 말씀에 순종하여 가정 안에 재정을 합치고, 직장 일을 그만두고 아이들을 돌보기 시작한 것입니다. 또한 교회 근처로 이사 오라는 말씀을 듣고선 센터와 집도 옮기게 되었습니다. 두 분의 말씀에 순종하면서 재정 부분이 열리고, 아이들과 제가 정서적으로 회복되고 저희 부부관계도 더욱 돈독해졌습니다. 이처럼 두 분은 제 삶의 멘토가 되셨습니다. 어떤 말씀이든 제 삶을 바꾸며 제가 새로운 비전을 품도록 이끌어 주셨습니다.

이렇게 많은 은혜를 베풀어 주신 목사님, 사모님의 은혜에 감사하며, 저 또한 두 분을 돕는 드림팀이 되고 싶었습니다. 하지만 제 속엔 풀지 못한 숙제가 있었습니다. 그것은 바로 아버지 문제였습니다. 권위자, 리더, 멘토에게 순종해야 하는데 제 생각으로 이해가 되지 않는 상황에서는 도저히 받아들이기도 순종하기도 힘들었습니다. 이것은 항상 이해되지 않는 아빠로 인해 역기능 가족이 된 저희 가정의 문제였습니다. 아빠는 가장으로서 책임을 다하지 않고, 저희에게는 되려 상처만 주었습니다.

엄마는 아빠를 대신해 가장의 역할을 감당했고 이런 환경에서 자란 저는 아빠는 무능력하고 필요 없는 사람, 없어도 되는 존재로 인식하게 되었습니다. 아빠의 행동 하나하나가 이해가 되지 않았고, 미움만 쌓여갔습니다. 이런 아버지와 저의 문제는 가정에서만 끝나지 않았습니다. 이것은 제가 다니는 직장, 교회, 가정으로 확산되었습니다. 이전 교회에서 목사님, 장로님이라도 이해가 되지 않으면 제 할 말을 다하며 순종하지 않았고, 직장에서도 상사가 하는 말이 틀리다고 생각하면 불평불만을 늘어놓았습니다.

결혼생활에도 문제가 생겼습니다. 남편보다 제가 위에 있으려고 하고, 남편의 말을 곧이곧대로 듣기보다는 우선 제 주장을 펼치기 일쑤였고, 남편이 이해가 되지 않는 말을 하면 무시하며 내 말이 맞다고 더 큰소리치며 맞대응했습니다.
가장으로서 남편의 권위를 인정하지 않고 아이들 앞에서도 남편을 높여주지 않았습니다.
이 모든 것이 다 제 육신의 아버지와 제 사이의 문제가 해결되지 않은 채 계속 확산되어 온 결과였습니다.
저는 저희 교회에 와서도 목사님, 사모님이 이해되지 않는 말씀을 하면 앞에서는 알았다고 복종하는 태도를 보였지만, 정말 마음까지 순종하지는 못하고 불평불만을 했습니다. 리더에게 순종해야 한다는 것을 알면서도 '내 마음에 이해가 되지 않는데 어떻게 받아들일 수 있는가'라고 생각하며 참으로 힘든 시간을 보내기도 했습니다.
하지만 이 모든 것은 아버지 작업을 하며 풀리기 시작했습니다.
저는 먼저 치유 공부 시간의 과제를 따라 아빠의 장점 100가지 이상을 찾기 시작했습니다. 처음엔 단점 밖에 안보이던 아빠의 장점을 1~2개 찾는 것도 힘들었습니다. 하지만 하나하나 아빠를 생각하며 장점을 찾다보니 70개 이상 찾으며 눈물이 났고, 100개 넘게 찾으며 마침내 아빠에 대한 인식이 바뀌며 머리에 지진이 나는 것 같았습니다. 그렇게 다혈질에 화만 내는 무서운 아빠가 다정다감한 아빠였음을 깨닫게 된 것입니다. 그리곤 아빠에게 장점 106개와 편지를 써서 드리며 무릎 꿇고 지난날의 나의 잘못을 용서를 빌었습니다.

이후 저는 교회에서 하는 내적치유와 자기사랑 노트를 하며 지난날 아빠로부터 상처받은 어린 나를 만나는 작업을 했습니다. 그러면서 진짜 아빠를 용서하는 지점은 '과거의 내가 과거의 아빠를 용서할 수 있을 때'임을 알게 되었습니다. 하지만 과거의 나는 도저히 아빠를 이해할 수 없었고, 그렇기에 용서할 수도 용서하기도 싫었습니다. 아빠가 저에게 상처 준 행동들은 도저히 납득이 되지 않는 행동들이었기 때문입니다. 이것은 제가 인지치유를 하며 조금씩 깨지기 시작했습니다. 아빠도 참 외로운 사람이었고, 사랑받고 인정받고 싶었으며 아픈 사람이었다는 걸 알게 되었기 때문입니다. 그리곤 과거의 나는 이해를 못하지만, 현재의 나는 아빠를 이해할 힘이 생기게 되었습니다. 그래서 현재의 내가 과거의 나에게 다가가 아빠는 아픈 사람이라고 아빠를 이해하도록 설득을 했고, 결국 과거의 나는 과거의 아빠를 용서할 수 있게 되었습니다. 지금의 저는 아빠와 사랑한다는 문자를 주고받을 수 있는 사이가 되었습니다.

아버지 작업을 하면서 또 하나의 작업, 곧 남편의 권위에 순종하는 법을 배웠습니다. 가정 셀을 하면서 예전에는 내가 가정 셀을 주도하고 같이하려고 했지만, 가정의 리더인 남편이 인도하도록 하고 남편에게 안수기도도 요청했습니다. 남편이 안수해줄 때, 내가 진심으로 마음 깊이 아멘!으로 화답하면서 말할 수 없는 평안과 감사로 남편의 권위에 순종하며 뜨겁게 눈물을 흘렸습니다. 이후 아이들 앞에서도 남편을 인정하고 높이는 말을 하고, 남편이 출퇴근 할 때도 모두가 하던 일을 멈추고 배웅하고 반겨주고, 뭐든 남편을 먼저로 생각하며 하나씩 바꿔 가니 아이들도 자연스럽게 아빠의 권위를 인정하며 가정의 위계질서가 잡히게 되었습니다. 남편 또한 무너졌던 가장의 권위를 다시 찾으며 내가 인정해주니 아이들도 인정해준다며 행복해하는 모습에 미안하고 또 감사하게 되었습니다.

아버지 작업과 가정의 리더에게 순종하는 연습을 하고 나니, 비로소 교회에서 목사님, 사모님, 리더님께 순종하는 마음으로 바뀌게 되었습니다. 처음엔 이해가 되지 않는 상황이 발생하면, 행동으론 따르면서도 입술로는 불평불만을 했던 제 모습에서 이제는 이해가 되지 않아도 '그럴만한 이유가 있으시겠지, 더 깊은 생각이 있으시겠지' 하고 인정하고 따르게 되었습니다. 또한 삶 속에 고민이 있거나, 해결해야 될 문제가 생겼을 때, 무슨 일을 결정하고 행동하든지 항상 몸의 질서를 생각하며 멘토인 목사님과 사모님의 의견을 듣고 따르게 되었습니다.
이 시내광야를 겪으면서 목사님께서 "이해되지 않는 아빠를 이해하는 작업을 해야한다."고 하셨는데, 위의 과정을 겪으면서 이 말씀의 뜻을 몸소 깨닫게 되었습니다. 그리고 저는 그렇게 힘들 것 같았던 시내 광야를 어느 순간 넘어서서 목사님, 사모님의 드림팀으로 세워지게 되었습니다.

제 인생에 있어 리더십 문제, 아버지 문제는 평생 풀 수 없을 것만 같았는데, 저희 교회에 와서 목자이신 목사님, 사모님의 말씀을 따라 훈련을 받으며 하나하나 실천으로 옮기니 놀랍게 변화되었고 그렇게 미웠던 아빠를 용서할 수 있는 자리까지 오게 되어 참으로 감사합니다.
앞으로도 작업해야 할 것들이 많지만, 목사님 사모님께서 이끌어주시는 대로 하나하나 순종하며 따르겠습니다!

제11강

시내산 말씀 훈련 간증기
(출 19장-24장)

* 시내산 말씀 훈련 복음 선포문

"나의 일상의 관심, 삶의 중심은 하나님의 말씀에 있습니다."

나의 광야, 나의 외적 환경은 하나님의 인도하심 아래 있음을 인정하고 감사합니다.
말씀은 나의 내면으로 들어와 생각, 가치관, 원칙, 삶에 영향력을 미칩니다.
나의 감정, 생각, 행동, 습관, 인격이 하나님의 주권, 말씀의 통제 아래 있음을 선포합니다(홍해 언약, 시내산 언약을 드린 자).

* 시내산 말씀 훈련 기준점 / 작성 원리

1. 말씀을 내면 깊숙하게 만난 경험이 있습니까? - 특별한 감동이나 전문적인 훈련받은 기억
2. 나를 위해 준비해 주셨던 구속사 목자들은 누구였습니까? 생존 인물, 혹은 저자
3. 배운바 말씀을 어떻게 실행, 전달하고 있습니까?
4. 나의 평생을 이끌어주는 인도의 말씀은 무엇입니까?
5. 요즈음 나는 어떤 책, 어떤 말씀을 공부하고 있습니까? 혹은 어떤 주제를 위하여 기도하고 있습니까?

{ 시내산 말씀 훈련 간증기 }

○ ○ ○ 목사

1. 말씀을 만난 경험이 있습니까? - 특별한 감동이나 전문적인 훈련받은 기억

* 나의 말씀과의 만남(예수님과의 만남)

고등학교 1학년 때 예수님을 깊이 만난 이후 고교 시절, 재수시절 성경 읽기에 몰입했던 적이 있습니다. 꿀보다도 더 단 말씀이었습니다. 말씀이 내 속으로 들어와 꿈틀꿈틀 살아서 나를 끌고 다니는 것을 경험했습니다. 그때부터 말씀은 곧 하나님이시다 생각하고 말씀을 대합니다. 나의 첫사랑의 꿈같은 카이로스의 시간이었습니다. CCC의 ○○○간사님의 "거듭나지 아니하면?"은 나에게 큰 도전을 주었지만 채워지지 않는 갈급함이 있었습니다. 신학교 시절 강의실 도서관에서 로마서와 관련된 강의와 많은 책들을 읽었지만 해갈되지 않았습니다. 출애굽기와 더불어 로마서 말씀은 나의 평생의 로망이었습니다.

* '하나님 나라'에 대한 바른 이해

"구원이란 무엇인가? 영생이란 무엇인가? 천국은 가는 것인가, 오는 것인가?" "사람은 어떻게 변화될 수 있는가?" "예배의 본질은 무엇인가?" 의 답을 얻기 위해 긴 시간을 찾았습니다.

U** 총무 윤ㅇㅇ 선생님, 게할더스 보스, 존 브라이트, 올 브라이트, 리델보스, G.E 레드, 도이벨트, 알버트 월터스 등의 만남으로 나의 사고가 확장되었습니다.

2. 하나님께서 나를 위해 세워주신 구속사 목자들은 누구입니까? - 생존 인물, 혹은 저자

* 내가 영향을 받았던 영적 지도자들

공**형제님은 '81년에 성령 사역을 시작할 수 있도록 도와주셨고, 김**강사님에게서 사명자 성회, 종말론 공부, 성경 전체를 프레임으로 보는 방법론을 배웠습니다.

원**선생님은 삶으로 완성되는 말씀의 모델, 김**교수님은 나의 모든 성경 해석의 틀에 노트 역할을 해 주셨으며, 엄**박사님에게는 합리적, 성경적 상담학 이해를 배웠습니다.

대신부님은 말씀과 성령의 역사에 대한 모델, 성령의 내적, 외적 기름부음에 대한 가르침. 박목사님은 '하나님의 열심', '구원, 그 이후', 박**박사님은 보수적 견해의 성경 주석. 나의 성경 해석의 마지막 컨펌 텍스트가 되어 주셨습니다.

정**교수님은 학창시절부터 긴 시간 나의 스승, 멘토 역할을 해 주셨고, '성언운반일념'의 에토스, 파토스를 주셨으며, 설교 모델로 곽ㅇㅇ, 박ㅇㅇ, 석ㅇㅇ, 김ㅇㅇ, 유ㅇㅇ 등의 책과 방송의 도움을 받았습니다. A.W. 핑크, 워렌 위어스비, 반더발, 윌밍턴, G.E 레드의 저서와 말씀으로 성경 전체를 이해하는 통찰을 배웠습니다.

*경험했던 선교단체들, 기도원들, 부흥사 목사님들
UBF, IVF, JOY, CCC, NAV, YWAM 제일 기도원, 오산리 기도원, 한얼산 기도원
조**, 김**, 신**, 오**, 이**, 강**, 나**

3. 배운바 말씀을 어떻게 실행, 전달하고 있습니까?

* 말씀 세미나 - 씨에 대한 연구
성경 전체를 구속사로 보는 견해
하나님 나라 - 미래, 공간 개념에서 지금, 여기의 관점에서 접근하는 현재적 통치의 개념으로 확대

* 치유 세미나 - 마음, 밭갈이 프로그램 : 자동차의 4바퀴 비유
씨 - 은혜, 말씀 / 밭의 응답 - 진리, 믿음 / 경작자, 경영의 원리 - 대가 지불 / 하늘의 도우심 - 성령의 도우심
내적치유, 성경적 인지치유, 공감소통 대화법, 유대인 교육법인 하브루타, 감성 치유 테라피, 변화 테라피(NLP), 자녀 마음 이해하기...

4. 나의 평생을 이끌어주는 인도의 말씀은 무엇입니까?

* 정금으로 제련하는 삶 : "그러나 내가 가는 길을 그가 아시나니 그가 나를 단련하신 후에는 내가 순금 같이 되어 나오리라"(욥 23:10).
* '말씀 맡은 자'로서의 사명 : "그런즉 유대인의 나음이 무엇이며 할례의 유익이 무엇이냐 범사에 많으니 우선은 그들이 하나님의 말씀을 맡았음이니라(롬 3:1-2).
*Warming up의 삶에서 Main mission의 삶으로 전진 : 말씀을 삶으로 살아내도록 돕는 일입니다(출말삶프 : 출애굽기 말씀을 삶으로 살아내기 프로젝트, 로마삶프 : 로마서 말씀을 삶으로 살아내기 프로젝트).

5. 요즈음 나는 어떤 책, 어떤 말씀을 공부하고 있습니까? 혹은 어떤 주제를 위하여 기도하고 있습니까?

* '출말삶프', '로말삶프'를 훈련하고 있습니다.
성화론과 '하나님 나라' 사상, 전통적인 기존의 '가는 천국', '공간 개념'으로서의 천국관에서 '지금, 여기'에서 시작되는 하나님께 주권을 올려드림으로 시작되는 '하나님의

통치 개념'으로 확장, 출애굽기와 로마서의 구조 : 칭의-성화(내면)-삶으로의 실천의 구조, 3인턴 4세대 전략을 훈련합니다.

* **나죽예사**(나는 죽고 예수님이 사시는 삶, 갈 2:20), **사우생너**(사망은 우리 안에서 역사하고, 생명은 너희 안에서 하느니라, 고후 4:10-12), **주흥나쇠**(세례정신의 삶, 주님은 흥하시고 나는 쇠하는 삶, 요 3:30)

예수님을 구주로 받아들이는 영접 기도는 칭의, 구원의 확신을 갖게 됩니다.
두 번째 결단으로 세례, 곧 예수님을 나의 인생의 주로, 왕으로 받아들일 것이냐?
주권 이양(Lordship)의 주제가 변화의 전환점이 됩니다.
예수님이 나의 삶에 주인으로 좌정하시면서부터 나의 삶은 천국으로 바뀌기 시작합니다. 철저한 자기 내려놓음을 통하여 우리는 그리스도와 연합하게 되고, 그의 생명으로 거듭날 수 있습니다(성화의 삶).

* **성막 건축, 그리스도의 몸으로서의 교회 세우기**
1) 인트로 콜링 - 주님과 나와의 연합, 함께 십자가, 함께 부활 함께 승천(엡 2:5-6)
2) 익스트로 콜링 - 나의 생명이 지체들에게로 흘러가 그리스도의 몸으로 세워지기, 함께 상속자, 함께 지체, 함께 약속에 참여하는 자(엡 3:6)
3) 만세와 만대로부터 흘러온 아버지의 갈망 - 그리스도의 몸으로서의 교회, 만세와 만대로부터 감추어졌던 비밀의 영광(골 1:25-27)

* **성화로 가는 여정**
1) '참 자아'를 향한 여정
출애굽기 구속사 7단계 과정을 매일 삶 속에서 경험하도록 '출말삶프' 훈련을 함으로 참자아(3위 하나님과의 형상)을 찾아갑니다.

2) 인류를 망하게 한 3대악(거짓 자아)과의 싸움
마귀, 죄에 의한 삶은 로마서 6장에서 해결, 세상의 흐름, 살아왔던 습관, 기존의 사고 구조로 사는 삶은 로마서 7장에서 해결, 아담적인 것, 태생적, 본능적, 육성적인 것은 로마서 8장에서 해결합니다.

3) 복음과 삶의 연결

은혜와 믿음의 생명 관계(엡 2:5, 8-9, 출 14:13의 적용), 원복(Bliss)과 모조품(Fake)의 분별, 참 자아와 거짓 자아의 추구 구별, 인트로 콜링, 익스트로 콜링의 진행, 구속사 중심의 성경관에서 하나님 나라, 하나님의 통치 중심의 교회론, 천국론으로 확장합니다.

4) '피발린 언약 공동체' 안에 있기 - 3인턴4세대 전략으로 몸 세워가기 훈련

제12강

성막 기도문

'성막 기도', '성막 예배'는 출애굽기 내용 전체, 가나안으로 가는 여정, 성화로 가는 프로세스를 정리, 통합 시켜 놓은 내용으로 이해할 수 있습니다. 그래서 이 성막 기도를 매일, 지속적으로 드리게 되면 이런 여러 은총을 누리게 됩니다.
* '붙어있음'의 원리 - 요 15장의 주님이 내 안에, 내가 주님 안에 거하는 상호 거처의 비밀
* 그리스도 안에(엔 크리스토) - 롬 8:2 그리스도 안에 들어가 주님과 함께 거하며 교통하는 비밀
* 요 6장의 떡과 음료이신 예수님을 매일 공급받는 비밀
* 내 존재, 내 삶이 3위 1체 하나님을 모시는 성전으로 지어져 갑니다.

성막 기도문

사랑이 많으신 아버지, 죄인인 저를 부르시어 구원해주시고 아버지의 자녀 삼아 주시니 감사드립니다. 허물과 죄가 많은 죄인이지만 은혜로 받아주시니 이 시간 찬송하며 기쁨으로 보좌를 향하여 나아갑니다.

구원의 문에서 감사 기도를 드립니다.
"내게 주신 모든 은혜를 내가 여호와께 무엇으로 보답할까 내가 구원의 잔을 들고 여호와의 이름을 부르며 여호와의 모든 백성 앞에서 나는 나의 서원을 여호와께 갚으리로다"(시 116:12-14).
날 구원하신 주님을 찬양합니다. 지나온 나의 생애를 주님의 구속사로 이끌어 오셨음을 깨닫고 감사드립니다. 형통함도, 고통스러운 광야와 제한과 불편함까지도 모두 우리 주님의 배려와 섭리 아래 있었음을 인정하고 매일 감사의 기도를 올려드립니다.
*제물 : 10가지(회개할 제목), 예물 10가지(감사제목)

번제단 기도를 드립니다.
예수님이 대신 징벌을 받으므로 000가 용서를 받았고, 예수님이 대신 채찍을 맞음으로 000가 나음을 입었습니다. 예수님이 대신 죄를 지심으로 000가 의롭게 되었고, 예수님이 대신 죽으심으로 000가 주님의 생명을 얻게 되었습니다. 예수님이 대신 가난하게 되시므로 000가 부유하게 되었고, 예수님이 대신 수치를 당하심으로 000가 영광

에 이르게 되었습니다. 예수님이 대신 거절당하심으로, ○○○가 하나님의 자녀로 영접되었고 예수님이 대신 저주를 받으심으로 ○○○가 축복을 누리게 되었습니다.
그러므로 감사하므로 신적 교환 기도를 올려드립니다.
죄와 사망의 형벌을 지고 들어가 용서와 평안을 가지고 나옵니다. 상처와 열등감을 가지고 들어가 치유와 자존감을 가지고 나옵니다. 죄책감을 가지고 들어가 자유함을 가지고 나옵니다. 영벌을 가지고 들어가 영생을 가지고 나옵니다. 가난을 가지고 들어가 부유함을 가지고 나옵니다. 수치와 부끄러움을 가지고 들어가 영광스러움을 가지고 나옵니다. 왕따 당함과 버림받음을 가지고 들어가 하나님의 자녀 됨의 확신을 가지고 나옵니다. 죄와 심판, 저주를 짊어지고 들어갔다가 예수님 안에 있는 하늘에 속한 모든 신령한 축복들을 다 내 것으로 약속받고 나옵니다.

오늘 하루 고백하지 못한 죄를 십자가 앞에 내려놓고, 이웃을 용서하지 못하고 용납하지 못한 죄를, 사람들과 불편했던 관계를, 자녀, 물질, 직분을 우상으로 삼았던 죄악들을, 하나님을 신뢰하지 못하고, 감사하지 못한 일들을 회개합니다.
나와 자녀의 장래와 가정의 걱정과 불안을 내려놓게 하옵소서. 한국교회의 죄악과 이 나라 이 민족의 죄를, 우리와 우리 선조들이 아버지께 범했던 불의와 교만과 죄악을 용서하시고 우상숭배와 아버지의 뜻을 역행하는 안티 문화를 주의 피로 씻어주시고 이 땅, 이민족을 정결하게 하옵소서.

신앙생활을 방해하는 불신앙, 불순종의 영들은 걱정, 근심, 두려움의 영들은 게임, 음란, 교만, 시기, 질투, 이간질, 우울증의 영들은 질병과 가난의 영들은 떠나갈지어다. 가정을 지배하려는 분열의 영, 어둠의 영들은 자녀를 묶고 있는 중독의 영들은 교회 성장을 방해하는 교회 안의 불평, 불만, 대적의 영들은, 나라의 안정을 해치며 국론을 분열시키고 반목과 질시를 가져오며 공의와 평화를 가로막는 반국가적인 영들은 이 나라를 놓고 떠날갈지어다.

물두멍 기도를 드립니다.
내 인생의 주인은 내가 아닌 주님이시며, 나를 십자가에 못 박고 나의 주님을 왕으로, 주인으로 모시고 살기로 결단하였사오니 나는 죽고 내 안에 주님이 드러 나시옵소서. 나의 삶이 우리 주님을 드러내는 향기가 되게 하시고, 그리스도의 편지로, 그리스도를 보여주는 삶을 살게 하옵소서.

애굽을 떠나왔으나 내 안에 여전히 자리 잡고 있는 옛 질서를 아버지 앞에 올려드립니다. 열 가지 재앙으로 우리의 마음을 붙들었던 우상들을 모두 깨뜨리시고 홍해를 갈라 마른 땅을 지나가게 하신 하나님의 권능을 찬양합니다. 하나님께서 홍해를 덮으셔서 바로의 군대와 병거를 모두 수장시키신 그 자리에 내 경험, 내 자아, 내 주장을 함께 수장시킵니다.

물두멍이 성막에서 수종들던 여인들의 놋 거울로 만들어졌듯이, 우리가 자기를 부인하며 나를 드러내고 싶고, 잘난체하고 싶고, 영광을 받고 싶은 욕구들을 다 포기하여 놋 제단에 녹여 부어버립니다.

이제 나를 정결케 하셔서 아버지의 흠향하시는 제물, 제사장, 제단으로 받으시고 사용하여 주옵소서. 이제 나의 오염된 죄악들을 씻음으로 시작하여 아버지의 기뻐 받으시는 온전한 제물 되기를 소원하오니, 우리의 예배를 받아주옵소서.

진설병 떡상의 기도를 드립니다.
하나님 아버지 이제 성소 안으로 들어가오니 저를 성령님의 아름다운 성전, 거룩한 제물, 신령한 제사장으로 구별시켜 주옵소서. 주님은 저에게 생명의 양식입니다. 매일 생명의 양식인 하나님의 말씀을 먹으며 지금 여기에서 말씀하시는 주님의 음성에 귀를 기울이겠습니다.

주님의 말씀은 제가 가는 길에 등불이고 빛입니다. 헤매지 않고 진리의 말씀을 붙잡고 따라가겠습니다. 주신바 말씀들을 마음에 깊이 새기며 그렇게 살도록 애를 쓰겠습니다. 주님! 저를 말씀 맡은 자로 세워주시고 성언운반일념으로 살아가게 하옵소서. 주일 예배에서 선포된 말씀을 묵상하고, 나누고, 선포하면서 한 주간의 실천지침으로 삼아 순종하겠습니다.

말씀을 배우고 전달하는 일에 시간과 건강과 물질을 쓰며 이 시대의 말씀 맡은 자로서, 일대일, 소그룹, 말씀 사역에 목숨을 걸게 하옵소서. 나를 살게 하신 그 말씀이 흘러넘쳐 나의 가정으로, 학교로, 직장으로, 교회로 나에게 맡기신 사람들에게로 충만하게 흘러가게 하소서. 말씀이신 예수님을 나의 매일의 양식으로 먹겠습니다. 생명의 떡, 생명의 음료로 공급해 주옵소서. 나도 다윗처럼 말씀을 금, 곧 많은 순금보다 더 사모하며, 꿀과 송이 꿀보다 더 달게 먹겠습니다.

제사장들은 하나님을 위한 떡을 준비했고 임재의 떡을 상위에 일주일 동안 진설하게 한 후에 그 떡을 물려 제사장들이 먹도록 하셨습니다. 우리 목자의 떡이 한 주간 주님 앞에 올려드리는 떡이 되게 하시고, 그 떡으로 모든 교우가 제사장의 양식으로 삼게 하옵소서. 떡은 성소 안에 하나님의 면전에 있었습니다. 매일 먹는 만나는 일상의 삶을 위한 것이지만, 주간에 제사장이 1회 먹는 진설병 떡은 제사장만의 것으로 섬김과 봉사를 위한 공급의 떡입니다. 주님! 나로 제사장의 사명을 잘 감당하게 하옵소서. 제사장으로써 섬겨야 할 영혼들을 붙여주시고, 그들을 신령한 양식으로 잘 먹일 수 있도록 나의 목양의 현장을 풍요롭게 하소서. 떡상를 등대와 마주 대하도록 두셨습니다. 그 말씀을 받을 때 성령의 밝은 조명과 감화가 없으면 참된 양식이 될 수가 없으니 성령님께서 조명하심으로 말씀을 깨닫고, 새기고, 실천할 수 있도록 도와주시옵소서. 이 떡은 고운 가루로 만들었으니 말씀을 잘 소화하기 위하여 우리는 읽고, 묵상하고, 공부하고, 암송하고, 지키게 하옵소서.

금 등잔대의 기도를 드립니다.
빛이신 주님 앞에 나아옵니다. 주님이 빛으로 오셨기에 나의 내면의 흑암들이 물러갑니다. 어둡고 음습하고 숨기고 싶었던 부분들이 밝음으로, 생명으로, 변화로 나타남을 감사합니다. 계속 성령으로 우리를 이끄셔서 아들로, 장자로, 상속자로, 이 땅을 책임지는 왕 같은 제사장으로 세워주옵소서. 더욱 풍성한 기름부음으로 영의 목마름이 해갈되게 하시고, 내게서 생수의 강이 흘러 목마른, 수 많은 영혼들을 적시고 땅끝까지 흘러가게 하옵소서. 성령으로 기름 부으사 가난한 자에게 아름다운 소식을 전하게 하시고, 마음이 상한 자를 고치고, 포로 된 자에게 자유를, 갇힌 자에게 놓임을 선포하며, 모든 슬픈 자를 위로하게 하소서.
온 교회가 기도의 자리에서 부르짖어 기도하게 하시고, 성령의 충만한 기름부음을 받아 가정과 사회에 각 영역에서 복음을 전하며 살리고, 회복하고, 다스리는 왕 같은 제사장으로 살게 하소서. 성령 충만한 주님의 증인되게 하옵소서.
성령님! 우리의 몸이 성전이 되게 하시고, 주님 오신 임재의 장소가 성전으로 구별되게 하소서.
이 시간 생각과 감정을 다스려주시고 우리의 기도가 하나님의 기쁨이 되어 하늘 보좌를 움직이게 하소서. 나의 육체가 성전과 의의 무기로 드려지게 하소서.
성령님! 불같이 임하소서. 바람같이 오소서. 강력한 임재로 기도하게 하소서. 금 등잔대에서의 제사장의 사역은 저녁부터 아침까지 항상 기도의 그 불이 꺼지지 않도록 간검하는 일이었습니다. 나로 나의 가정과 구역과 교회에서 성령의 불이 꺼지지 않도록 기도의 간검자가 되게 하옵소서. 금등잔대는 떡 상의 맞은편에서 건너편의 떡 상을 비춰게 하였습니다. 말씀과 성령의 역사가 동일하게 일어나게 하옵소서.
성소는 '미크다쉬' 곧 거룩한 처소입니다. 교회의 수준은 숫자의 수준이 아닌 거룩의 수준이요. 공급의 수준이요. 교제의 수준입니다. 성소를 드나드는 제사장들을 많이 세우는 교회가 되게 하옵소서.

분향단의 기도를 드립니다.
땅에서 합당한 향연이 올려 졌을 때 천사가 심판을 준비합니다(계 8:3-6). 하나님의 심판과 경륜은 성도의 기도를 통해 완성됨을 알게 하옵소서. 구속사는 아버지의 뜻과 합하여 사람의 예배, 찬양, 기도를 통하여 진행되오니, 우리가, 내가 구속사의 중심에 서 있음을 알게 하옵소서. 내게 주신 영적 특권과 존귀함과 영광을 포기하지 말게 하옵시고, 저는 오직 주님께만 예배의 향, 기도의 향을 피워드리기 위해 섰습니다. 찬양과 경배를 올려드리오니 아버지의 이름이 거룩히 여김을 받으시옵소서. 뜻이 하늘에서 이룬 것같이 땅에서도 우리 교회, 가정, 저에게서도 이루어지길 기도합니다. 저의 삶이 주님의 향이 되기를 원합니다. 우리 주님의 향취를 드러내는 예수님의 향기로 살고 싶습니다. 영광을 받으시기에 합당하신 우리 주님의 향기가 온 땅에 가득하게 하옵소서. 타락한 세상이 속히 주와 그리스도가 다스리시는 새로운 세상으로 변화되게 하옵시고, 나와 내 교회가 예배에 성공하게 하옵소서.
아버지의 마음을 시원케 해드리는 흠향하시는 예배를 올리게 하옵시고, 아버지의 이름이 거룩히 여김을 받으시는 성전 되게 하옵소서. 주님 나라가 속히 임하시어, 뜻이 하늘에서 이루어진 것 같이 저희 교회를 통해서도 이루어지기를 기도합니다.
그리스도의 몸으로서의 교회 되도록 교통하게 하옵소서. 일 대 일과 소그룹, 구역 사역을 통하여 머리에 충만하심이 온몸으로 전달되게 하옵소서. 우리 주님의 몸된 교회들과 이 시대와 만물에게 까지 구속사를 흘러보내는 마디와 힘줄의 역할을 잘 감당하게 하옵소서. 여호와의 군대, 가나안땅의 상속자로 백전백승의 승리자로 살아가게 하옵시고, 복음의 능력을 가지고 가정, 직장, 캠퍼스, 삶의 현장으로 나아가 희년의 복음을 선포하게 하옵소서. 맡기신 영혼들을 잘 섬길 수 있도록 성령의 사역을 잘 감당하는 고엘로 세우시옵소서.

지성소의 기도 가운데 대제사장의 기도를 드립니다.
이제 지성소 휘장을 넘어갑니다. 십자가의 대속을 통하여 나를 사주시고 왕 같은 제사장, 아버지의 상속자로 세우심을 감사합니다. 우리를 빚어 오신 목적과 방향을 따라 아버지의 형상으로, 대행자로 사용하여 주옵소서.
이제 주의 열납하시는 사랑을 기대하며, 아버지의 은혜의 보좌 앞으로 담대히 나아갑니다. 아버지의 거룩하신 임재, 영광 앞에 섰으니 소통하게 하옵소서.
교통, 연합, 붙어있음, 한 몸의 비밀을 알게 하옵시고, 진리의 말씀으로 나를 채우시고(지), 주님의 감성으로 나의 영혼이 항상 기뻐 춤추게 하옵소서(정). 나의 손과 발이 우리 주님의 손과 발로 쓰임받기를 원합니다(의).

오! 주님 제가 왕 같은 제사장으로 주님의 언약궤 앞에 섰습니다.
나의 공급자는 오직 아버지이심을 고백하오니 나의 매일의 양식, 매일의 행복이 우리 주님으로부터 공급되어야 함을 결단합니다. 주님이 나의 양식입니다.
나의 구속사를 위하여 목자를 세워주셨음을 감사합니다. 그와 함께 하나님 나라를, 그리스도의 몸을 세워가겠습니다. 그의 영적 권위에 복종하게 하옵시고, 목자의 약함과 부족함을 비난, 공격하지 않고 돕는 자로 살겠습니다.
나의 사명은 하나님 사랑, 가족 사랑, 이웃 사랑, 자기 사랑입니다. 사랑함으로 율법의 완성, 말씀의 성취를 보게 하옵소서.
나의 삶의 목적이 3위 하나님을 예배하며, 사람을 살리는 일임을 선언합니다. 영혼들을 이용가치로 대하지 않고, 천하보다 귀한 영혼으로 존대하겠습니다.

이제 우리가 사역의 현장으로 나아갑니다. 3위일체의 그 연합의 생명의 능력으로 타락한 세상을 품게 하시고, 영혼들을 사랑하게 하옵소서.
주신 은혜와 사명을 따라 이 땅에 그리스도의 몸인 교회를 세워가겠습니다. 부부간에도, 부모와 자식 간에도, 직장에서도, 목자와 양의 관계에서도 우리가 몸 만들기를 시도하며, 구속사를 위하여 내게 주신 모든 자원을 사용하겠습니다. 원수가 발등상 되어, 우리 주님의 발 아래 굴복 될 때까지 불멸의 생명의 능력으로 우리를 지원해 주시고, 우리가 이 땅을 살리는 생명의 성령의 사람으로 살아가도록 도우시옵소서.

단순, 반복, 지속의 훈련으로 영혼들을 구속사의 사역자로 세우며, 멀어지고 원수 되어진 하늘과 땅이 우리를 통하여 하나 되게 하옵소서.
오직 주의 나라가 어서 속히 임하시기를 기도합니다.
주님! 우리가 이 시대의 말씀 맡은 자들입니다. 우리가 여호와의 군대입니다. 우리가 이 시대의 구속사와 하나님 나라를 책임지는 일군들입니다. 하나님께서 주신 구속사를 붙잡고 생명을 다해 주께 영광 돌리는 삶을 살게 하옵소서.
오직 아버지 하나님께만 높임과 존귀와 영광을 올려드리오니, 모든 나라와 권세와 영광이 세세 무궁토록 우리 하나님 아버지께만 있사옵나이다. 아멘.

부록

인지 오류표(Cognitive Distortion)*

1) 과잉 일반화
과잉 일반화(overgeneralization) : 한 가지 사건을 근거로 전체를 평가해 버림 나쁜 사건이 계속 일어날 것이라고 추측함(머피의 법칙)단정적 진술이 흔히 사용된다.

- '네가 하는 일이 맨날 그렇지', '내게는 항상 그런 일만 일어난다.'
- 상대방 배려는 전혀 없는 사람이야(비약적 단정).
- 맨날 저 모양이니 병을 달고 살지.
- 뭐 하나 제대로 하는 것이 없어.
- 쟤는 맨날 고기만 찾아.
- 왜 늘 그 모양이냐?
- 제대로 하는 것이 있어야지!
- 항상 지각이야!
- 또 핑계냐?
- 배려하는 마음이 눈꼽 만큼도 없어.
- 하는 게 맨날 저 모양이야.
- 나는 항상 이런 방식으로 생각한다니까!(개인화)
- 도대체 자신밖에 모른다니까?
- 새 똥은 꼭 내 차에만 떨어져.
- 남자는 다 도둑이야.
- 당신은 항상 늦더라.

2) 선택적 추론
선택적 추론(selective abstraction), 정신적 여과기(mental filter), 감정적 추론(impulse abstraction) : 자기감정의 기복에 따라 기분 내키는 대로 평가함. 인생의 부정적인 부분에만 초점을 두고, 긍정적인 부분은 걸러내 버린다. 장점은 제외시키고 약점만 본다. 상황의 부정적이고 어두운 면에만 초점을 맞추어 사고한다. 부분만을 선택하고

---

* 박승호, 『성경적 인지치유』(서울 : 그리심), p. 182-189.

전체적인 그림은 보지 않는다.
- 내 급료는 너무 낮아서 이런 직장은 최악이야(좋은 작업환경이나 적절한 작업시간 등은 간과한다).
- 틀렸어, 너한테 좋은 게 뭐가 있니?
- 꺼림칙해서 이차는 다시 타지 말아야지.
- 차라리 회사를 그만두지, 사장한테 이런 지적을 받고 어떻게 살아(그동안에 혜택 받은 것, 배려해 준 것은 다 무시해 버림).
- 기분 정말 잡치네.
- 사람 열받게 하네.
- 왜 저렇게 사는 거야.
- 뭐 이런 집이 있어?
- 웃기고 있네 (감정적 추론).
- 이렇게 미움 받아 너무 싫다(비약적 단정).
- 말이 저러니 달라지는 게 있겠어?
- 재수가 없으려니까 별개다 속 썩이네.
- 이렇게 미움 받아 너무 싫다.
- 쓸모가 없구만.
- 하품하는 사람이 있는 걸 보니 내 강의가 지겨운가 봐.

3) 이분법적 사고

이분법적 사고(dichotomous thinking), 흑백논리(양극화 이론 - all or nothing thinking). 하려면 완벽하게 해야지. 제대로 못 할 것 같으면 아예 안 하는 게 좋아! 대인관계에서 상황을 해결하려고 시도해 보기보다는 "좋아! 네가 다 알아서 해, 난 몰라." 모든 것을 절대적, 양극적, 흑백 논리로 바라보는 경향. 상황을 해결하려고 하는 시도보다는 "좋아. 그렇다면 네 맘대로 해!" 이렇게 말하는 상황

- 그럼 나 빼고 너희들끼리 해.
- 그렇게 할 거면 차라리 때려치워라.
- 실수하느니 차라리 하지 말자.
- 그만둘거면 처음부터 하지 말지.
- 네가 다 책임져.

- 네가 다 알아서 해.
- 그렇게 하려면 그만둬.
- 하려면 확실히 해야지(강박적 부담).
- 하려면 꼭 1등을 해야 해 (강박적 부담).

4) 개인화

개인화(personalization and blame): 모든 문제를 나에게 연관시켜 생각하여 비하시킴
과잉 책임: 자신의 삶에서 실패한 부분에 대하여 지나치게 책임을 지려 하는 마음 타인이 관련되어 있는 어떤 부정적인 사건의 모든 책임을 자신이 지려고 함

- 우리 가정의 모든 문제는 바로 나 때문이야.
- 나만 없으면 우리 가정은 행복할 텐데
- 내가 나가는 것이 싫은 모양이지(비약적 단정).
- 늘 내가 문제지.
- 나만 빼는 것은 나한테 문제가 있기 때문이야.
- 나만 없으면 돼.
- 나는 왜 이 모양일까?
- 나한테 문제가 있는 거야.
- 내가 능력이 없기 때문이야.
- 내가 하는 일이 뭐 별수 있겠어(비약적 단정
- 분위기가 이상한 것은 나 때문이야.
- 이 모든 책임은 나한테 있어.

5) 파국적 예상

파국적 예상(catastrophizing, negative exaggeration) : 가장 일반적인 비합리적인 사고로서 모든 것을 부정적인 것으로만 결론이 날 것이라고 생각.

- 나는 어젯밤에 술을 너무 많이 마셨어, 난 가망 없는 약물 중독자가 될 거야.
- '틀렸어, 그래가지고 무슨 대학을 가!'
- 저렇게 먹다가 뚱돼지 될 거야.
- 점수가 낮아서 대학에 들어가기 틀렸어.

- 저렇게 까다로워서 왔던 사람도 도망갈 거야(비약적 단정).
- 싹수가 노래.
- 희망이 없어.
- 정말 끔찍하다(극대화).
- 틀렸어 네가 뭐 할 수 있겠어.
- 나는 정말 구제불능이야.
- 어. 저 자식 죽으려고 환장했네!
- 이제 이 소문이 다 퍼져 난 끝이야.
- 저 자식 저러다 사고 내지!
- 다 망했습니다.
- 나를 바보라고 생각할거야(비약적 단정).
- 나는 절대로 할 수 없어(극소화)
- 나는 의지가 약해서 틀렸어.
- 아무도 날 도울 수 없어.
- 난 항상 슬픈 운명이야(정서적 합리화 · 과잉일반화).
- 손님이 하나둘 떨어지다 결국은 망할 거야.
- 나쁜 일이 일어날 거야.
- 힘든 하루가 될 거야(선택적 추론).

6) 비약적 단정(arbitrary inference), 미래를 점치기
점 행위와 독심술처럼 어느 하나를 보고 다른 것까지도 유추해 결론을 내림. 지레 짐작하기(fortune-telling)

- 내 인사를 안 받는 걸 보니 그는 나를 미워하고 있어.
- 이번 시험도 또 실패할 것이다. 혹은 나는 이 시험에 합격할 가능성이 전혀 없어.
  마음 읽기(mind reading)
- 내 양말이 셔츠와 맞지 않는다는 것을 모든 사람이 알아차렸을 것이다.
- 강박증이 심하구먼.
- 나를 우습게 볼 거야.
- 하나를 보면 열을 안다고 신앙심이 형편없을 거야(당위진술문).
- 시험을 제대로 보지 못했구나.

- 하기 싫어서 그러는 거야.
- 내가 못한다고 무시하나?
- 자기 돈 아니라고 함부로 쓰네.
- 잘난체 하네.
- 나를 주목하고 보겠지.
- 고개를 돌리는 것을 보니 인사받기 싫다는 거야.
- 모두 내 실수를 알았을 거야.
- 내가 싫은 모양이네.
- 나한테 하는 소리일 거야.
- 같이 있는 것이 싫은 모양이지.
- 나를 무시하는 소리야.
- 내 말이 유치하다고 생각하겠지.
- 사람들이 뒤에서 웃겠지.
- 너는 나를 무시하고 있어.
- 날 우습게 보는 거야.
- 하나를 보면 열을 알 수 있어.

7) 강박적 부담

강박적 부담(excessive responsibility) : 완벽하게 하려는 부담. "하려면 확실하게 해야 돼."

- 좀 잘하지.
- 열심히 하는 것을 보여줘야 하는데.
- 정확하게 전달해야 하는데.
- 사람들의 시선을 끌어당겨야 하는데.
- 잘해야 될 텐데.
- 실수하지 말아야지.
- 조심하지 않으면 안 돼.
- 꼭 확인해야 돼.
- 끝까지 잘 마쳐야지.
- 하루라도 거르면 흐트러져.
- 시작이 중요해.

- 하려면 잘해야지.

8) 당위 진술문
당위 진술문(should statements) : 엄격한 자기규칙-must to, ought to

- 나는 내가 아는 모든 사람들에게 친절해야 한다.
- 그는 마땅히 내게 감사해야 해. 하나님은 내가 원하는 대로 다 해주실 거야.
- 아버지가 본이 안 되니 아들도 똑같지.
- 최선을 다하지 않아서 그래.
- 이것은 기본이야.
- 기본도 안됐어.
- 너무 소홀한 것 아니야?
- 마땅히 감사해야 해.
- 시작했으면 끝을 봐야지 (강박적 부담).
- 당연한 걸 물어봐.
- 물이 거꾸로 흐르는 것 봤어?
- 예수 믿는 사람이 저러면 돼?
- 사람은 하려는 마음만 있으면 할 수 있어.
- 못해도 해 보려는 자세가 중요해.
- 공과 사는 구분할 수 있어야 해.
- 계획표대로 해야 해.

9) 정서적 합리화(emotional reasoning)
감정과 실제를 구분하지 못하고 사고하는 것 '기분이 우울한데 오늘 꼭 무슨 일이 있을 것 같아.' 생각의 근거를 감정에만 두는 마음의 자세

- 오늘도 슬픈 하루를 보내겠네.
- 기분이 엉망일 거야.
- 나쁜 일이 생길지도 몰라.
- 우울한 인생이야.
- 비에 젖은 낙엽이야.

10) 꼬리표 달기, 낙인찍기

꼬리표 달기(labeling/ 잘못된 이름 달기) : 제한된 노출에 근거하여 사람들을 범주화 함. 보이는 제한된 정보나 지식에 근거하여 사람들을 분류하는 마음

- 저 사람이 노란색을 좋아하는 것을 보면 틀림없이 이기적인 사람이야.
- 싫다고 말도 못 하다니 속 좁은 남자야.
- 그렇게 말한 걸 보면 인정머리가 없는 사람이야.
- 저렇게 말하는 것은 내가 싫어서 하는 소리야(비약적 단정)
- 챙기는 것을 보니 이기적인 사람이야.
- 하는 것을 보니 가족중심이구나.
- 까다로운걸 보니 결벽증이구나.
- 말이 다른 걸 보니 이중인격자구나.
- 그녀는 동반 의존자야!
- 하는 태도를 봐, 완전 이기주의자네!

11) 극대화, 극소화

극대화, 극소화(magnification or minimization) : 실수를 극대화하고 성공을 극소화함. 잘못은 크게 생각하고, 잘한 것은 축소시켜 생각함.

- 또 애들에게 고함을 지르다니, 나는 정말 구제불능이다.
- 그 정도를 가지고 무슨 성공했다고 할 수 있니?
- 나는 나쁜 아빠일 거야.
- 벌 받지 않는 것이 기적이야.
- 난 부모도 아니야.
- 이 정도로는 말도 못 꺼내지(평가절하).
- 이 실력으로는 불가능해.
- 이 정도는 누구나 다 할 거야.
- 애를 망치고 있어.

12) 평가절하

평가절하(discounting the positives) : 성공이나 칭찬을 평가절하시킴

- 누가 옷이 너무 멋지다고 하는데 "이거 싼 거예요!"
- 내가 승진한 것은 실력이 아니라 그냥 운이 좋았기 때문이야.
- 웬일이니 해가 서쪽에서 뜨겠네.
- 실력이 뭐 별 수 있겠어? 다 고만고만할 거야.
- 지가 별 수 있겠어(극소화).
- 쉬운 문제만 나왔겠지. 하늘이 도운 거야.
- 어쩌다 운이 좋은 거야.
- 그 나물에 그 밥이지(극소화).
- 우연일 거야.
- 그 정도는 기본이지.
- 개천에서 용난 격이지.
- 잘한 게 뭐 있나? 잘 봐줘서 그렇지.
- 이번에는 시험이 쉬웠나 보다.

'출애굽기 구조도' 암기 훈련

* 출애굽기는 구원에 관한 책입니다.
* 구원은 **시작(칭의)**이 있고 **과정(성화)**이 있고 **완성(영화)**이 있습니다. 출애굽기는 **시작(칭의)를 1-12장(30%)**까지 말씀하고 **과정(성화)를 13-40장(70%)**에서 말씀하여 구원의 시작보다 과정(process)을 더 많이 다루고 있습니다. 출애굽기는 하나님께서 어떻게 구원을 이루어 가시는가(구원경영)을 알려주는 책입니다.
* 출애굽기 중심 구절 - 출 3 : 7~8

칭의		
은혜, 전능의 하나님 ⬇		
1-2장	3-11장	12장
보고, 듣고, 알고	내려가서	건져내고
고난 ⬇ 기도	은혜 ⬇ 사람	구원 ⬇ 피

3대 고난 셈족 ⇒ 함족 인구 억제 정책	3-4장 사람준비 목자, 대행자	5-11장 두 진영 대결 10재앙	유월절	
^	10가지 재앙 (우상)		양고기	새로운 양식 (Jx)
중노동	7장	피	무교병	죄, 악습관 제거
^	8장	개, 이, 파	^	^
산파에게 명령	9장	돌, 악, 우	쓴 나물	애굽의 고통기억
^	10장	메, 흑	^	^
직접 나일강에 던지라고 명령	11장	경고	복장	나그네의 삶
^	12장	장자죽음	^	^

성화				
믿음/응답, 여호와 하나님 ⬆				
13-24장			25-40장	
인도하여			데려가려하노라	
홍해(13-14장)	광야(15-18장)	시내산(19-24장)		
세례	훈련	말씀 (하나님의 자기 계시)	성막	
⬇	⬇	⬇ 하나님의 통치원리	⬇	
자기부인 결단	포커싱 로드십 컨커런스	하나님의 사랑 가치, 기준 원칙, 철학	매일예배 매일교통	

3위 일체	원칙	광야	해결	구속사	관 계		출입문	구원
							번제단	피로 씻음
		수르 (15)	회개-말씀	성자	대신관계	의식법	물두멍	물로 씻음
성부	첫 것	신(16)	예배	성부	대인관계	시민법	떡상	말씀
							금등대	성령의 조명
성자	무교절	르비딤 (17a)	기도	성령	대자관계	도덕법	분향단	찬양/기도/예배
		아말렉 (17b)	사람	1:1, 셀	율법의 완성인 사랑의 실행을 위해 살라 - 하나님 사랑, 가족 사랑, 이웃사랑, 자기사랑 *우리 내면에 성막을 건축하라		만나	공급원
							아론의 지팡이	영적 위계질서 구속사 라인
성령	불기둥, 구름기둥	시내 (18)	드림팀				돌비	삶의 원칙 사역의 원리

출애굽기 구조도 설명문

출애굽기는 무엇에 대한 책입니까?

출애굽기는 구원에 대한 책입니다. 우리가 일반적으로 알고 있는 구원은 예수 믿고 천국 가는 것을 생각하지만, 구원에는 시작이 있고 과정이 있고 완성이 있습니다. 구원의 시작을 '칭의'라고 부르며, 과정을 '성화', 완성을 '영화'라고 부릅니다.
출애굽기에서는 예수 믿고 구원받고 천국에 가는 '칭의'의 과정을 1-12장까지 약 30%의 비중으로, '구원받은 이후 우리가 어떻게 믿고, 어떻게 살아야 하는가?'라는 '성화'에 대한 내용이 13~40장까지 약 70%의 비중을 차지하고 있습니다. 그것은 하나님께서 우리의 구원을 이루어 가실 때에 예수 믿고 구원 받고, 천국의 확신을 갖는 것도 중요하지만 구원 이후 어떻게 살아갈 것인지가 더 중요하다는 것을 나타내는 것입니다. 출애굽기는 하나님께서 어떻게 구원을 이루어 가시는가(구원경영)을 알려주는 책입니다.

출애굽기의 중심구절은 무엇입니까?

출애굽기 3:7~8로 7가지 동사를 이용해서 출애굽기 전체를 개관할 수 있습니다.

> 출애굽기 3:7-8 여호와께서 이르시되 내가 애굽에 있는 내 백성의 고통을 분명히 <u>보고</u> 그들이 그들의 감독자로 말미암아 부르짖음을 <u>듣고</u> 그 근심을 <u>알고</u> 내가 내려가서 그들을 애굽인의 손에서 <u>건져내고</u> 그들을 그 땅에서 <u>인도하여</u> 아름답고 광대한 땅, 젖과 꿀이 흐르는 땅 곧 가나안 족속, 헷 족속, 아모리 족속, 브리스 족속, 히위 족속, 여부스 족속의 지방에 <u>데려가려하노라</u>

이것을 5단계로 나누어보면, 1-2장은 "보고, 듣고, 알고", 3-11장은 "내려가서", 12장은 "건져내고", 13-24장은 "인도하여", 25-40장은 "데려가려 하노라"입니다.
13-24장의 "인도하여"에서는 하나님께서 이스라엘 백성을 세 군데의 장소로 인도하십니다. 홍해(13-14장), 광야(15-18장), 시내산(19-24장)입니다.

출애굽기 전체를 크게 두 부분으로 나누어 보면,

1-11장에서 하나님은 은혜로 우리를 찾아오셔서(⇩ 내려오는 화살표) 모든 것을 우리 쪽에 맞춰주시는 '전능의 하나님'을 만나게 됩니다. 12-40장에서는 이제 은혜를 받은 우리가 하나님께 응답(반응)하는 단계인데, 이 응답을 다른 말로 '믿음'이라고 부릅니다. 이것은 우리가 하나님의 말씀, 기준에 맞추어 순종하는 삶을 의미합니다(⇧ 올라가는 화살표). 여기서 우리는 우리와 상호 관계를 맺으시고 언약하시는 '여호와 하나님'을 경험하게 됩니다.

첫 번째 단계, 1-2장 '보고, 듣고, 알고'의 키워드는 '고난'입니다.

요셉이 애굽의 총리가 된 후, 야곱의 가족 70명은 기근을 피해 애굽으로 이주해서 살았습니다. 총리였던 요셉의 가족으로서 좋은 대접을 받고 잘 살았습니다. 그러나 400여 년의 긴 역사가 흐르고, 요셉을 알지 못하는 새로운 왕조가 들어서면서부터 그들에게 고난의 역사가 시작되었습니다.
그들의 숫자가 많아져, 위협을 느끼게 되자 바로 왕은 히브리인들을 탄압하는 정책을 쓰기 시작했습니다.
인구 억제 정책으로 남자들에게 여러 가지 고된 노동의 일을 시켰으며, 그래도 인구가 점점 늘어가자 산파들에게 남자아이가 태어나면 죽이라는 명령을 하고, 그들이 하나님을 두려워함으로 불순종하자, 직접 나일강 물에 던지라고 명령 합니다.
생명의 위협을 받는 고난의 환경 속에서 이스라엘은 그들이 그동안 잊고 살았던 하나님의 이름을 부르며, 고통 중에 부르짖게 됩니다. 이것이 바로 기도입니다.
'보고 듣고 알고' 첫 번째 단계의 핵심은 하나님께서 고난의 환경을 조성하셔서, 우리로 하여금 하나님을 찾게 하시고 기도하게 하신다는 메시지입니다.
우리가 세상에서 살아가면서 자신의 힘으로는 도저히 해결할 수 없는 문제들을 만나게 될 때에, 우리는 그 문제를 극복하기 위해 도움을 줄 수 있는 절대자이신 하나님을 찾게 됩니다. 고난 중에 울부짖는 신음소리와 도움을 구하는 간절한 기도를 들으시고 하나님은 응답하십니다. 이 '기도'가 내게 닥친 위기와 고난을 풀어가는 열쇠가 됩니다.

두 번째 단계, 3~11장 '내려가서'의 키워드는 '은혜'입니다.

이처럼 이스라엘 백성들이 하나님께 부르짖어 기도하자, 그러한 상황을 보고, 듣고, 알고 계신 하나님께서 그 백성을 구원하기 위해 내려오십니다. 하나님께서 우리를 찾아오시는 사건을 우리는 '은혜'라고 부릅니다. 그런데 하나님께서 우리를 찾아오실 때에는 직접 역사하기도 하시지만, 일반적으로는 하나님께서 준비시키신 사람을 통해 오십니다. 이를 우리는 '구속사 목사'라고 부릅니다.

이 두 번째 단계, "내려가서"에서는 하나님께서 하나님을 대행하여 이스라엘 백성들을 애굽 땅 노예생활에서 이끌어낼 "모세"라는 한 사람을 준비시키십니다. 그리고 그를 보내어 바로 왕을 만나게 하시고, 이스라엘 백성들을 괴롭히는 완악한 바로 왕과 애굽 땅에 10가지 재앙을 내리십니다. 이 재앙들은 애굽 사람들이 섬기던 우상들에 대한 하나님의 심판이었습니다.

이 재앙을 통해 이스라엘 백성들은 그들이 애굽 땅에 살면서 섬기던 우상들이 헛된 것이며, 하나님만이 참된 신이심을 깨닫고, 신뢰하며, 따르게 됩니다.

두 번째 단계, "내려가서"를 통해 우리에게 주시는 하나님의 메시지는 우리가 우리 힘으로 해결할 수 없는 고난의 환경 속에서 도움을 구할 때에, 하나님께서는 준비된 하나님의 사람을 통해 우리에게 은혜로 찾아오신다는 사실입니다. 하나님께서는 언제나 우리 곁에 사람 구속자, 곧 사람 목자를 붙여주셔서 우리의 구원의 여정을 도와 주십니다. 이러한 역사를 우리는 '구속사'라고 표현합니다. 그동안 우리가 깨닫지 못하고 우상으로 섬기고, 붙잡고 살았던 것들을 하나님 앞에 내려놓도록 일깨워 주고, 도움을 줍니다.

세 번째 단계, 12장 '건져내고'의 키워드는 '구원'입니다.

하나님께서는 10번째 재앙인 유월절 장자 죽음을 통해 애굽의 모든 가정의 장자들을 심판하시지만, 어린 양을 잡아 그 피를 좌우 설주와 인방에 바른 이스라엘 사람들의 모든 가정은 그 심판을 면하여 주시고, 그들을 애굽에서 탈출하게 하십니다. 이것은 죄로 인해 심판을 받을 수밖에 없는 우리가 유월절 어린양으로 이 땅에 오셔서 우리의 죄를 대속하기 위해 십자가에 죽으시고 부활하신 하나님의 아들 예수 그리스도를 믿음으로 모든 죄를 용서 받으며, 하나님의 자녀가 되는 구원의 원리를 의미합니다. 내가 예수님을 믿고 구원의 확신을 가졌다면, 나는 출애굽기 12장에 있는 것입니다.

하지만, 출애굽기가 12장에서 끝나지 않듯이 우리의 구원의 여정도 천국 가는 확신을 갖는 것이 결코 전부가 아닙니다.

하나님께서는 네 번째 단계인 '인도하여'(출 13-24장)의 말씀을 통해 유월절 어린양의 피로 구원받은 이스라엘 백성들을 홍해로, 광야로, 시내산으로 인도하십니다.

하나님께서는 출애굽기 13~14장에서 이스라엘 백성들을 홍해로 인도하셨습니다. 홍해를 건너는 사건은 영적으로는 세례 받는 것을 의미합니다. 사도 바울은 고전 10:1~2에서 홍해를 건너는 사건을 세례로 해석하였습니다. 홍해를 건넌다는 것, 곧 세례 받는 의식의 핵심은 '주인이 바뀌는 것'을 의미합니다.

홍해를 건너기 전 이스라엘 백성들은 바로 왕을 섬겼으며, 애굽의 질서대로 인생을 살았습니다. 하지만, 홍해에서 바로 왕과 그의 군대가 수장되는 사건을 통해 하나님께서는 그들이 더 이상 바로 왕의 종이 아니고, 세상 질서대로 사는 자들이 아니라 자신의 주권을 하나님께 내어드리고, 이제는 성부, 성자, 성령 하나님을 주인으로 모시고 살아가는 자기 부인의 삶을 결단하기를 원하십니다. 이것을 '신앙생활의 오리엔테이션'이라고도 합니다. 출애굽기 13장에 그 내용이 자세하게 나와 있습니다.

우리가 성부 하나님을 주인으로 모신다는 것은 '예배 성신'인데 하나님께 첫 것을 드리는 것을 의미합니다. 더 구체적으로, 주간의 첫날을 구별시켜 드리는 주일성수, 하루의 첫 시간, 재물의 처음 것인 십일조를 드리는 것 등으로 적용할 수 있습니다.

성자 예수님을 삶의 주인으로 모시는 것은 무교절을 지키는 삶입니다. 이것은 누룩으로 상징되는 죄를 버리고, 이제는 죄 없는 무교병이시며 말씀이신 예수님을 우리의 영적 양식으로 삼고 매일 공급받고 사는 삶을 뜻합니다. 그리고 성령님을 주인으로 모시는 삶은 이스라엘 백성들이 낮에는 구름기둥, 밤에는 불기둥의 인도를 따라 살았듯이, 우리도 말씀의 인도를 받고, 날마다 기도함으로 성령님의 인도하심을 따라 순종하며 살아가는 삶을 의미합니다.

그렇게 홍해에서 세례를 받고 자기부인을 결단한 이스라엘 백성들을 하나님께서는 계속하여 광야로 인도하십니다. (출 15-18장)

하나님께서는 5가지 광야의 상황을 통해 이스라엘 백성으로 하여금 자기를 부인하고 하나님으로 채우는 훈련을 하게 하시고, 그 고난의 광야 시간을 통해 하나님께 초점을 맞추며, 주권을 3위 하나님께 올려드리게 하십니다.

수르 광야, 신 광야, 르비딤, 아말렉, 시내 광야를 지나며 기대가 무너지고 꼬일 때 십자가를 적용하고 회개하고 말씀의 기준으로 돌아와야 함을 알게 하시고(수르 광야) 경제생활, 삶의 근간이 무너질 때는 환경이 아닌 공급하시는 하나님께 집중하며(신 광야), 삶이 목마르고(dry) 곤고할 때 반석이신 예수 그리스도께 나아가 부르짖어 기도함으로 성령 충만하라고 말씀하십니다(르비딤). 이는 3위 하나님을 경험할 수 있도록 환경을 통하여 배려하신 광야훈련들입니다. 사람 원수가 나를 괴롭힐 때는 기도의 동역자를 찾아 함께 기도하고(아말렉), 지도자의 약함, 한계가 보일 때는 내가 그 부분을 감당하여 십부장, 오십부장, 백부장이 되어 주님의 몸인 교회를 함께 세워나가게 하십니다(시내광야).

이렇게 광야를 통해 하나님께서는 우리의 마음 밭을 기경하셔서, 하나님의 말씀에 온전히 순종하고 따르는 자로 우리를 변화시키시고, 결국 우리 모두가 구속사, 하나님 나라를 건설하며, 이 땅에 우리 주님의 몸인 교회를 세우는 킹덤 빌더들이 되도록 세워 가십니다.

그리고 하나님께서는 시내산으로 인도하셔서(출 19-24장) 이스라엘 백성들에게 말씀(율법)을 통해 하나님이 어떤 분이신지를 계시하십니다.

율법을 통해서 하나님 나라의 통치 원리를 보여주시며, 하나님의 사상, 가치, 기준, 원칙, 그리고 철학을 알려주십니다.
하나님 사랑과 이웃 사랑으로 대표되는 십계명을 통해 이 땅을 살며 어떤 원칙을 가지고 살아야 하는지, 하나님의 마음과 생각이 어디를 향해 있는지 알려주십니다.
또 그들에게 광야 삶을 이끌어 갈 성막을 건축하도록 명하십니다.

마지막으로, 출애굽기 25~40장에서 그들을 성막으로 데려가셔서 그들로 하여금 매일 예배하며, 매일 하나님과 교통하는 삶을 살게 하십니다.

넓게 열려진 구원의 문을 지나 뜰로, 성소로 그리고 마침내 지성소 안으로까지 우리를 부르시며 '거기서 내가 너와 만나겠다'라고 하나님은 말씀하십니다.
뜰에 있는 번제단에서 피로 씻고, 물두멍에서 물로 씻음으로 죄(번제단)와 자아(물두멍)의 문제를 처리하고, 성소에서 떡상을 통해 말씀을 공급받고, 금등대로 성령의 비

추임을 경험하며, 분향단에서 올려지는 향을 통해 우리의 찬양, 기도, 예배가 하나님께로 올려집니다.

일 년에 한 번 대제사장만 들어갈 수 있는 지성소 안에는 언약궤가 있는데 그 언약궤 안에 담겨져 있는 세 가지 성물 곧 만나, 아론의 싹난 지팡이, 돌비를 통해 우리 삶의 공급자는 하나님이시며(만나), 구속사 질서인 영적 권위에 순종해야 함을(아론의 싹 난 지팡이), 삶의 원칙(돌비 - 하나님 사랑, 가족사랑, 이웃 사랑, 자기 사랑)을 알려주십니다. 이렇게 성막에서 매일 예배하고 하나님과 매일 교통하는 삶을 통해 우리를 하나님의 성품(DNA)을 가진 하나님의 형상으로, 하나님을 대행하여 세상을 살리는 왕 같은 제사장으로 이 땅을 살아가게 하십니다.

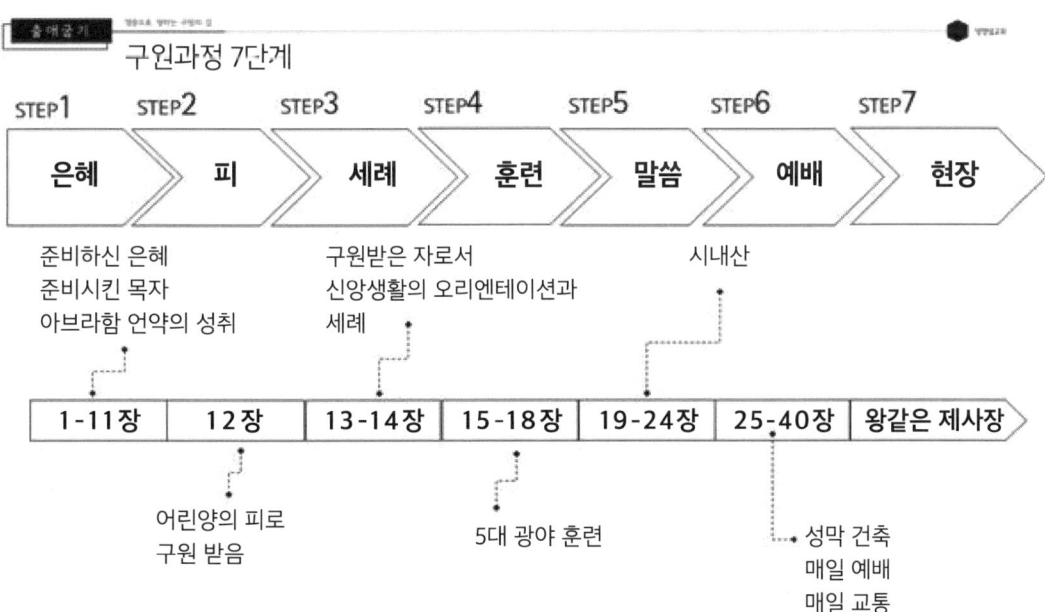

1. 보고, 듣고, 알고 (출 1-2장)
하나님께서는 고난의 환경을 통하여 주의 백성을 구원으로 부르십니다. 하나님께서는 택하신 백성들의 어려움을 보시고, 부르짖는 소리를 들으시고, 그들의 근심과 절망을 아시고, 아브라함과의 언약을 기억하셨습니다.

2. 내려가서 (출 3-11장)
하나님께서 나를 찾아오신 사건을 '은혜'라고 합니다. 이스라엘도, 모세도 하나님께서 먼저 찾아오셨습니다. 구속사는 그리스도와 연합한 사람들을 통하여 일하시는 하나님의 구원 역사입니다. 하나님께서 직접 오시지 않고 준비된 일꾼, 대행자를 보내셔서 택하신 백성들을 구원하십니다.

3. 건져내고 (출 12장)
하나님께서 유월절 어린 양을 대속의 제물로 받으시고 이스라엘을 구원하셨습니다. 구원은 대속(代贖-대신 대가를 지불하고 사주심), 속량(贖良)에 의해서만 이루어집니다. 어린 양이 대신 죽임을 당한 가정, 문에 피가 발린 집의 장자만이 살아남았습니다. 그들은 애굽인의 손에서, 죄에서, 우상숭배에서, 하나님의 공의로운 심판에서 건짐을 받아야 합니다.

4. 인도하여 (출 13-24장)
이스라엘 백성은 애굽으로부터 탈출하여 홍해(세례), 광야 훈련, 시내산에 이르는 성화의 과정을 거칩니다. 하나님께서는 옛것, 이전 것은 버리게 하시고 새롭게 하나님의 것으로 공급하여 채우십니다.

1) 13~14장 : 신앙생활의 오리엔테이션(성부, 성자, 성령 중심의 삶), 홍해(세례 언약, 자기 부인, 자기십자가의 결단)
2) 15~18장 : 광야 훈련(자기 부인과 3위 하나님의 생명의 질서를 따라 사는 새로운 삶 : 포커싱, 로드십)
3) 19~24장 : 하나님의 자기 계시-말씀 언약, 우리가 믿고 따라야 할 새로운 패러다임, 새 나라의 질서, 새 주인이신 하나님의 통치 원리를 가르쳐 주십니다(하나님의 사상, 가치, 기준, 원칙, 철학). 그 내용은 율법의 완성인 사랑을 위해 살아야하며, 우리 내면에 예배를 위한 성막을 건축하도록 명하십니다.

5. 데려가려 하노라 (출 25-40장)

성막, 예배로의 초대이며 하나님과의 동행, 동거의 의미입니다. 우리가 주님 안에 거하고, 주님이 우리 안에 거하심으로 상호 거처로 세워집니다. 하나님께서는 우리가 하나님의 집에서 하나님과 사람을 섬기는 제사장이 되기를 원하십니다.

'구원의 성숙'은 모세오경 전체로 본다면 하나님께서 이스라엘을 가나안 땅에 입성시켜 그 땅을 정복하고 다스림으로 하나님 나라를 이루는 삶을 살게 하는 것입니다. 출애굽기로 본다면 우리가 주님 안으로 들어가고, 주님이 우리 안으로 들어오셔서 우리가 주님의 거처가 되고 성전이 되는 예배 생활입니다.
둘 다 이 땅에서 우리가 하나님의 통치를 통해 하나님의 나라를 사는 천국생활을 의미합니다.
1) 25~31장 : 성막 설계-하나님이 원하시는 하나님의 집, 성전
2) 32~34장 : 성막의 필요성-이스라엘의 범죄, 우상숭배
3) 35~40장 : 성막 건설-예배, 하나님을 지존자, 삶의 으뜸으로 섬김으로 하나님은 우리의 아버지, 우리는 그의 자녀, 상속자로 살아감

출애굽기를 따라 기록하는 '나의 구속사 생애 간증문' 1

○ ○ ○ 목사

1. 은혜(출 1-11장) - 하나님을 만날 수 있도록 인도해 주신 환경

모태신앙으로 자랐습니다. 아버지와 어머니는 일찍 장로와 권사가 되실 정도로 신앙생활에 열심이었습니다. 어릴 적 교회생활은 자연스러운 삶이었습니다. 바깥 세상이 있다는 것은 인식하지 못했습니다. 하지만 중학교 3학년 때 아버지의 사업부도로 생활의 어려움이 시작되었습니다. 엎친 데 덮친 격으로 고등학교 들어갈 무렵부터 교회 안에서 어른들의 갈등으로 인해 신앙생활에 대한 회의가 들었습니다. 대학에 들어가면서 방황이 시작되었습니다. 음주, 흡연을 시작하고 여러 가지 사고를 치기 시작했습니다. 대학 졸업 후 직장생활을 시작하면서 방탕한 생활은 점점 더 심해졌습니다. 하지만 부모님의 사랑이 저를 붙잡고 있었습니다. 차마 교회를 끊을 수는 없었습니다.

2. 유월절 피(12장) - 언약의 자녀로 부르심

마침내 알콜 중독에 빠지면서 다니던 직장을 그만두었습니다. 백수가 되어서 죽을 궁리만 하고 있었습니다. 그러던 차에 절친이 사고로 죽었습니다. 그 친구의 장례식장에서 하나님에 대한 원망이 극에 달했습니다. 그 친구의 죽음은 왠지 모르게 살아야 할 이유를 찾아야 하겠다는 생각을 주었습니다. 그래서 성경을 펴서 읽기 시작했습니다. 모태신앙이었지만 31세가 넘어서야 스스로 성경을 처음부터 읽기 시작했습니다. 저녁마다 골방에서 기도하기 시작했습니다. 한 달여를 지속하던 어느 날 골방에서 성령의 임재를 경험했습니다. 나의 죄를 사하시기 위해 십자가에서 죽으신 예수님 보았습니다. 그 앞에서 통곡하는 경험을 했습니다.

3. 3위 하나님을 섬김(13장) - 인생의 목적(Goal)

1) 성부 하나님: 허무한 인생이었던 나를 발견하고 의미있는 인생을 살고 싶은 마음이 생겼습니다. 그 방법은 내 주권을 하나님께 드리고 하나님의 종으로 살아가는 것이라고 생각하게 되었습니다.
2) 성자 예수님: 일단 성경을 읽어야 하겠다는 생각이 들었습니다. 성경을 통해서 하

나님의 뜻을 알기를 원했습니다. 그런데 말씀을 읽어가면서 경험한 것은 절망이었습니다. 오랜 세월 교회에서 자란 사람이고 스스로 성경을 어느 정도 알고 있다고 생각했던 것이 무너지고 말씀 앞에 겸손해지게 되었습니다. 그리고 말씀에 대한 갈망이 더 커지게 되었습니다.

3) 성령님: 신학교를 입학하고 목회자로 섬기기 시작했지만 성령 충만한 상태는 추억이 되어 있었습니다. 그러던 중에 00교회를 만나게 되고, 인카운터 수련회를 경험하면서 성령 충만을 경험하게 되었습니다. 그리고 성령님과 동행하는 삶을 배워가게 되었습니다.

4. 세례(14장) - 목적에 도달하기 위한 인생의 바른 자세(Attitude)

1) 성부 하나님의 이름으로 세례를 받음 - 세상, 안목의 정욕을 거절하기로 결단했습니다. (약 4:4)
어릴 적부터 사람들에게 주목받기를 좋아했습니다. 그래서 세상의 시선에 맞추기 위해서 많이 애쓰며 살았습니다. 외모를 중시하고, 학벌을 중시하고, 직업을 중시하는 세상의 안목을 염려하면서 살았습니다. 하지만 회심하면서 하나님의 시선이 가장 중요함을 깨닫게 되었습니다.

2) 성자 예수님의 이름으로 세례를 받음 - 이생의 자랑, 죄성을 거절하기로 결단했습니다. (요일 3:8)
사람들이 즐기는 것은 모두 즐겨보고 싶었습니다. 자주 내가 무엇을 해보았는지를 자랑하고 무용담을 늘어놓기도 했습니다. '왕년의 나'는 어떤 사람인지를 자랑하기를 좋아했습니다. 그러나 항상 나보다 더 많은 것을 자랑하는 사람들을 만나게 되면서 그 모든 것이 얼마나 어리석은 짓인지를 깨달았습니다.

3) 성령님의 이름으로 세례를 받음 - 육신의 정욕을 거절하기로 결단했습니다. (갈 5:16-17)
하나님의 종으로 살기로 결심했지만 여전히 성욕, 물욕, 명예욕 등이 나를 지배하고 있었습니다. 교회에서 열심히 일을 하면서 주의 종으로 산다고 했지만 여전히 내면은 자주 욕망의 종, 죄의 종으로 살고 있는 자신을 발견하게 되었습니다. 그때 스스로 이길 수 없다는 좌절을 경험했습니다.

5. 광야(15-18장) - 세례받은 자의 삶의 훈련

1) 수르 광야(15장) : 나의 기대대로 풀리지 않을 때 원망, 불평하지 않고 하나님의 기준으로 돌아갑니다.
교만해서 돈에 대하여는 스스로 잘 안다고 자신했습니다. 그 결과 동생의 부도로 인해서 엄청난 빚을 지게 되었습니다. 그로 말미암아 아내와 갈등하게 되었습니다. 점점 인생은 더 꼬이게 되었고, 긴 시간을 고통스럽게 보내야 했습니다. 결국 내 힘으로 해결할 수 없는 한계에 부딪히고 십자가를 붙들게 되었습니다.

2) 신 광야(16장) : 양식이 떨어짐으로 공급자는 하나님이심을 경험하는 삶
신학교의 입학시험을 준비하면서부터 재정적인 어려움이 심각했습니다. 차비가 없을 정도로 어려운 상황이 찾아왔습니다. 결국 매일 하나님의 도움을 구할 수밖에 없었습니다. 그때마다 놀라운 공급을 경험하게 되었습니다.

3) 르비딤 광야(17a장) : 목마를 때, 인생의 깊은 필요들이 있을 때 반석이신 그리스도를 찾아(기도) 생수를 경험하는 삶
첫 번째 사역지에서 매우 좋은 환경에서 일하게 되었습니다. 안정되고 편안했습니다. 하지만 시간이 흐를수록 영적인 목마름이 커졌습니다. 매일 새벽에 울며 기도하게 되었습니다. 그러다가 방언으로 기도하게 되었습니다. 영적인 회복이 시작되었습니다.

4) 아말렉(17b장) : 사람 원수, 사람과의 관계가 꼬일 때 중보기도로 풀어가는 제사장 훈련
00교회로 옮겨오면서 매우 즐거운 목회 생활이 시작되었습니다. 그런데 새로 들어온 부목사의 이간질로 인해서 어려움을 당하게 되었습니다. 담임목사와 갈등하게 되고, 사람들과의 관계도 어렵게 되었습니다. 모함당하고 괴롭힘을 당하게 되었습니다. 다행히 마음을 내놓고 함께 기도할 동료가 있었습니다.

5) 시내광야(18장) : 교회 내에 문제가 있을 때, 지도자, 목자와 갈등 구조가 있을 때 대적하지 않고, 목자를 도와 몸을 세워가며, 하나님의 통치를 실현해 가는 왕권 훈련
지금의 섬기는 OO교회로 옮겨오면서 새로운 어려움을 만나게 되었습니다. 함께 동역하는 장로들과 마음을 하나로 만들어가는 일은 쉽지 않았습니다. 옳고 그름의 문제가 아니라 다름의 문제를 풀어가는 지혜가 없었습니다. 그래서 서로 상처를 주고 갈등하게 되었습니다. 다행히 좋은 멘토를 만나서 길을 찾아가게 되었습니다.

5대 광야를 통해서 나의 삶을 재조명하고 분석할 수 있는 것이 매우 큰 도움이 되었습니다. 어디서 문제가 발생했는지 알게 되고, 어떤 해법을 찾아야 하는 지를 알게 되었습니다.

6. 시내산(19-24장) - 하나님을 알아가는 말씀 훈련, 십계명

모든 문제를 풀어가시는 하나님의 뜻을 찾으려면 말씀을 바르게 배워야 했습니다. 감사하게도 하나님은 나를 OOO 성경대학원으로 이끄셨습니다. 말씀을 깊이 묵상하게 되었습니다. 그리고 OO교회에 부임하면서 목성연을 만나게 하셨습니다. 그래서 성경을 깊이, 그리고 바르게 배워가게 하였습니다. 어느새 10년의 시간을 통해서 하나님의 말씀으로 자신을 훈련하는 법을 깨달아가고 있습니다.

7. 성막(25-40장) - 내 안에, 내 밖에 성막을 건축하는 구속사, 하나님 나라의 실현

1) Intro Calling - 나의 내면의 성막 건축
매일 예배, 매일 교통의 삶이 내 안으로 들어오게 하기 위해서는 먼저 내가 예배자가 되어야 한다는 것을 깨닫게 되었습니다. 가장 좋은 방법은 매일 아침 성막일기를 쓰는 일이었습니다. 내 안에 성막을 세우는 경험을 하게 되었습니다. 내가 먼저 그리스도의 몸이 되고 교회가 되어야 함을 알아갑니다.

2) Extro Calling - 왕 같은 제사장의 삶(Sonship & Kingship), 타인의 삶 속에 성막 건축을 돕는 사역

* 00교회 사역 : 어느새 14년의 시간을 교회를 세우는 일에 쓰임받고 있습니다.
* 지역교회 섬김 사역 : 6교회가 연합해서 매주 말씀을 배우고, 서로 교통하면서 우주적 교회, 그리스도의 몸 세우기 사역을 하고 있습니다.

* 말씀 딜리버리 사역 : 말씀 세미나, 노회 세미나, 선교 세미나 등에서 말씀을 딜리버리 하는 일을 지속하고 있습니다.

- 구속사 생애 간증문을 정리하면서
가장 먼저 깨닫게 되는 것은 내가 먼저 성전이 된다는 말이 실천적이어야 한다는 사실이었습니다. 그것이 기본이고, 그것이 능력이라는 사실입니다. 이전에 말씀 세미나를 할 때에는 지식을 전달했습니다. 하지만 근래에 말씀 세미나를 전할 때 강조하게 되는 것은 내가 그렇게 살고 있어야 한다는 것입니다. 내가 매일 일기를 통해서 자신을 점검하고 예배자의 삶을 살아가야 한다는 것을 전하게 되었습니다. 그러면 하나님께서 나를 통해 일하시는 것을 보게 될 것이라고 말하게 됩니다. 말이 아니라 삶을 전하는 자가 되기를 소망합니다.

출애굽기를 따라 기록하는 '나의 구속사 생애 간증문' 2

○ ○ ○ 목사

1. 은혜(1-11장) - 하나님을 만날 수 있도록 인도해 주신 환경

신앙의 가문 4대째로 태어나서 기독교 문화 안에서 익숙하게 성장했습니다. 가난하지만 신앙으로 사시는 부모님의 모습을 보고 자랐기에 교회의 문화는 삶이었습니다. 아버지가 시골에서 이장님에 선출되고 구 이장님의 부패가 다 드러나서 마을의 개혁이 이루어졌지만 구 이장님의 막내아들과 학급 동창인 나는 그것으로 인해 학교에서 왕따를 겪었습니다. 그 왕따로부터 벗어나려고 몸부림칠수록 더욱 더 힘든 학교생활을 했습니다.

초등학교 3학년 때 자살을 시도하는 중에 하나님의 도움을 받아 살아났다는 것을 목회에 나와서야 깨닫게 되었습니다. 왜냐하면 레마의 음성을 처음 들었을 때 "내가 그 때 너를 살려주었다." 이 음성이 한동안 저를 붙잡아 주었습니다.

2. 유월절 피(12장) - 언약의 자녀로 부르심

고 2때 교회의 부흥회에 참석해서 성령 체험을 경험했습니다. 그날 철야기도를 하고 교회 전체를 청소한 후에 동네의 1년 선배들을 찾아가 예수님을 믿으라고 전도했습니다. 우리 동네에 '줄빠따'라는 악습이 있었습니다. 선배들이 1년 후배들을 불러서 이유 없이 폭력을 행했습니다. 맞은 선배들은 다시 1년 후배들을 불러서 폭력을 행했습니다. 그런 폭력이 차례대로 내려와서 우리까지만 겪었습니다. 폭력을 행한 1년 선배들에게 예수님을 믿으라고 전도했으니 지금 생각해도 웃음이 나옵니다.

고2 부흥회 때 은혜를 받고 목사가 되겠다고 공개적으로 선언을 했습니다.

3. 3위 하나님을 섬김(13장) - 인생의 목적(Goal)

1) 성부 하나님: 첫 목회지에서 레마의 음성을 들었습니다. 초등학교 때 자살하려고 했던 그 날을 상기시켜 주며 '그날 내가 너를 살려주었다.'는 음성이 저의 인생을 바꾸

어 주시는 계기가 되었습니다. 성부 하나님께 나의 삶의 방향을 바꾸었습니다.
2) 성자 예수님: 말씀에 대한 깊은 갈증이 목성연을 만나 말씀에 대한 갈급함이 해갈되고 무교병이신 예수님의 공급을 받아 사는 삶을 살기 시작했습니다.
3) 성령 하나님: 매일의 기도생활을 통해 소통하는 삶을 살아가고 있습니다.

4. 세례(13-14장) -목적에 도달하기 위한 인생의 바른 자세(Attitude)

1) 성부 하나님의 이름으로 세례를 받음(약 4:4) -세상, 안목의 정욕을 거절하기로 결단했습니다. 세상적인 관점에서의 교회성공을 내려놓고 생명 살리는 일에 최선을 다하기로 결단했습니다.
큰아들이 태어나고 2달 만에 악성 뇌수막염에 걸렸습니다. 김수정박사의 진단에 의하면 이 병에 걸린 이들의 90%는 사망하고 10%는 장애로 산다는 의학보고서를 들었습니다. 무기력하고 무능한 내 자신이 할 수 있는 것은 하나님 앞에 기도하는 것이었습니다. 무릎 수술을 받은 상태로 금식하며 기도했습니다. 아들이 죽으면 목회도 그만두겠다는 결연의 마음으로 기도했습니다. 기도 중에 환상을 보았습니다. 온 우주에 가득 찬 하나님 아버지의 시선과 함께 못 박히신 예수님을 보게 했습니다. 아픈 아버지의 마음이 제 마음에 가득찼습니다. 그 아픔에 나도 모르게 '아이를 데려가셔도 이 길을 가겠습니다.' 하는 결단과 함께 눈을 떴습니다.
2) 성자 예수님의 이름으로 세례를 받음(요일 3:8) -이생의 자랑, 죄성을 거절하기로 결단했습니다. 매일매일 영적 전쟁을 치르고 있습니다.
3) 성령 하나님의 이름으로 세례를 받음(갈 5:16-17) - 육신의 정욕을 거절하기로 결단했습니다. 매일매일 영적 전쟁을 치르고 있습니다.

5. 광야(15-18장) - 세례받은 자의 삶의 훈련

1) 수르 광야(15장): 나의 기대대로 풀리지 않을 때 원망, 불평하지 않고 하나님의 기준으로 돌아갑니다.
목사 안수를 받고 담임으로 부임한 00교회에서 어려움을 겪었습니다. 내가 기대했던 목회와 현장은 너무 차이가 많았습니다. 자기가 주인이라고 생각하는 장로들과 권사들과 부딪쳤습니다. 처음 겪는 일들이 너무 힘들어서 또 철부지하게 2번째 자살을 생각하면서 복수를 꿈꿨습니다. 세상에서도 일어나지 않는 일이 교회 안에서 일어났다는 생각과 그 억울함이 너무 힘들었습니다. 이때 시편 109편의 내용에 그들의 이름을 대입하여 큰 소리로 읽었습니다. 나의 생각과 감정을 조절하지 못하고 무작정 목회를 그만두었습니다.

갈 데가 없어서 교회의 문을 잠그고 강대상에서 기도를 시작했습니다. 3일이 지난 후 기도 중에 내가 이성으로는 납득할 수 없지만, 이사야의 말씀으로 회개하게 하셨습니다. 그리고 가장 힘들게 하는 권사 부부에게 찾아가 무릎을 꿇고 권면하게 하셨습니다. "권사부부가 OO교회에서 상처를 입었다고 하니 담임목사로서 죄송하다"고 한 말이 그들에게 죄를 인정했다는 소문으로 퍼졌습니다. 결국 그들의 요구대로 모든 것을 낱낱이 공개하니 오히려 그들의 거짓말이 드러나고 그들이 교회를 떠나는 상황이 되었습니다.

2) 신 광야(16장): 양식이 떨어짐으로 공급자는 하나님이심을 경험하는 삶
OO교회가 어느 정도 정리가 되었지만 목회에 지친 나는 교회를 옮기기로 마음을 먹었습니다. 교회를 옮기기 전에 서OO목사님은 영적인 훈련이 끝나지 않았는데 옮기는 것은 '영적 탈영'이라고 가르쳐주었습니다. 이 경고를 무시하고 옮긴 OO교회는 장로들이 목사를 형사와 민사로 고소하고 평신도들이 장로를 고소한 상황이었습니다. 처음 3개월은 행복했습니다. 시간이 지날수록 이 전 교회보다 더한 행정과 상황들이 생겼습니다.

1년이 지난 어느 날 이 교회를 소개해준 목사를 통해 알게 되었습니다. "장로 말을 잘 듣는 목사를 소개해 주기로 약속했다." 결국 어떤 상황에서도 교회의 얼굴 마담인 나는 그들이 요구하는 대로 목회를 하는 상황이었다는 것을 알게 되었습니다.

이때 목성연을 만나 말씀의 구속사와 사모님의 치유공부를 접하게 되었습니다. 처음 3년은 제사장의 품는 사역과 치유의 '지랄 총량의 법칙'이 부대꼈지만 결국은 한 흐름인 것을 깨달았습니다. 그 교회에서 하나님의 레마의 음성을 들으며 하나님 앞에 훈련을 받은 세월이 8년 6개월이었습니다.

3) 르비딤 광야(17a장): 목마를 때, 인생의 깊은 필요들이 있을 때 반석이신 그리스도를 찾아(기도) 생수를 경험하는 삶
말씀을 붙들고 기도하는 가운데 하나님의 레마의 음성을 들었습니다. 들은 대로 순종

하려고 몸부림치며 목회를 하지만 늘 평안하지는 않았습니다. 왜냐하면 이 훈련을 언제 마치는지 알 수가 없었습니다. 이 훈련의 장소를 옮기고 싶었습니다. 누군가는 기도하며 순종하는 목회가 행복하다고 하지만 저는 외롭고 힘들었습니다.
아직 나의 '자기 부인'이 안 되었었나 봅니다.

4) 아말렉(17b장): 사람 원수, 사람과의 관계가 꼬일 때 중보기도로 풀어가는 제사장 훈련
장로들은 나에게 아말렉족속과 같았습니다. 그들이 주장하는 의견은 교회와 저의 목회에 도움이 되지 않았습니다. 성도들도 내용을 들으면 동의하지 않았습니다. 그들을 품는 목회가 무엇일까? 고민을 해도 답은 나오지 않았습니다. 내면의 옳고 그름이 목회의 방법과 사건의 옳고 그름도 잘못이 아니었습니다. 관계일까? 이미 깊어진 틈은 해결할 기미가 보이지 않았습니다. 오직 누군가가 그 자리를 떠나는 것뿐이었습니다. 김장로가 공개적인 자리나 개인적인 자리에서 잘못을 범하면 그가 늘 하는 말이 '백의 종군 하겠다. 용서해 달라'고 해서 품어주면 같은 일들이 반복이 되었습니다. 나의 내면의 삶은 피폐해져 갔습니다. 어느 날 내면의 생각과 감정이 인지되지 않고 입으로 쏟아져 나왔습니다. 아내의 도움으로 이 일들은 해결이 되었습니다.

5) 시내 광야(18장): 교회 내에 문제가 있을 때 지도자 목자와 갈등 구조가 있을 때 대적하지 않고 목자를 도와 몸을 세워가며 하나님의 통치를 실현해 가는 왕권 훈련
현재 섬기는 교회에서도 어느 정도 갈등이 있습니다. 그러나 대부분 하나님의 나라 확장과 하나님의 뜻을 성취하려고 담임자의 드림팀이 되겠다는 분위기입니다.

6. 시내산(19-24장) - 하나님을 알아가는 말씀 훈련, 십계명

1년에 2번 성경세미나를 진행하고 소규모로 모여서 성경 말씀과 내면의 밭갈기를 계속해서 진행하고 있습니다. 개인이 하나님의 말씀과 내면의 밭 갈기와 기도와 자기경영을 통해 하나님의 나라를 확장하고 뜻을 성취하는 인생으로 함께 만들어 가고 있습니다.

7. 성막(25-40장) - 내 안에, 내 밖에 성막을 건축하는 구속사, 하나님 나라의 실현

1) Intro Calling -나의 내면의 성막 건축
매일 교통과 매일 예배를 위한 고민들은 날마다 진행 중입니다.
특별히 '3줄 일기-원복 선포 기도, 3대 언약 성찰 기도'와 '성막 기도'를 통해 성막을 건축해 가고 있습니다.
2) Extro Calling -왕 같은 제사장의 삶(Sonship & Kingship), 타인의 삶 속에 성막 건축을 돕는 사역이 계속 진행 중입니다.
해마다 '하이 클라스'를 통해 말씀과 마음 밭 갈기를 진행하며, 청년부 집중 훈련(여름방학)을 통해 매해 장학금을 주면서 다음 세대 말씀 사역자들을 키워가고 있습니다.
왕 같은 제사장의 삶(Sonship & Kingship) - 내가 먼저 가정과 교회에서 이 일을 감당하고 나로부터 타인에게 구속사가 흘러 가서 신앙의 4세대를 이루는 삶을 살게 합니다.

- 구속사 생애 간증문을 정리하면서
처음에는 그저 따라 하는 정도에서 습관을 바꾸려는 의도로 시작했는데 몇 년째 계속 해나가는 동안 어느 틈엔가 이 습관이 자연스럽게 몸에 배게 되어, 지금은 이 일들을 통해 자신을 진단히고 하나님의 의도에 맞추어 가는 구속사를 경험하고 체계적으로 전할 수 있어서 감사했습니다.

| 출애굽기 7단계 구속사 기도 |

○ ○ ○ 청년

1. 은혜 (1~11장)

1) 환경적인 배려 - 첫 실습을 나가기 전, 같은 실습지로 먼저 실습을 나갔던 친구들의 후기가 좋지 않아 걱정과 두려움이 많았었습니다.
제가 할 수 있었던 것은 기도밖에 없어 불안한 마음을 하나님께 맡기고 기도만 했습니다. 저의 기도대로 실습을 무사히 잘 마칠 수 있도록 하시고 실습 현장에서 많은 것들을 보고 배울 수 있게 해주셔서 감사합니다.
또한 제대로 말씀 공부를 할 수 있는 라파 교회에 보내주셔서 목사님, 사모님, 선교사님, 집사님들을 통해 듣고 또 배울 수 있게 해주셔서 감사합니다.

2) 구속사 목자 - 훈련 받을 수 있도록 멘토 목사님을 만날 수 있게 해주셔서 빡세게 말씀 훈련, 기도 훈련 받게 해 주셔서 감사합니다. 부담은 되지만 계속 열심히 배우겠습니다.

3) 나의 마음의 우상들 찾기 -
* 세속문화 - 청년 시절에 쉽게 빠지는 하나님보다 더 우선시하는 세상의 즐거움, 미디어, 물질적인 부요함에 대한 부러움을 벗어날 수 있도록 매일 깨어 기도하겠습니다.
* 나태함 - 방학동안 게을러지지 않고, 해야 할 일을 잘할 수 있도록 계획을 세워서 실천해 보겠습니다.

2. 유월절 (12장)

1) 누룩 버리기 - 작은 것이라고 생각하고 무관심하게 여겨졌던 것들이 크게 작용하는 것을 볼 때 누룩의 요소들을 완전하게 정리하는 것이 중요함을 알게 하시고 말씀 안에(유월절 피 안에)있기 위하여 누룩의 요소들을 정리하는 것이 얼마나 중요한 일인지 알게 하심에 감사드립니다.

* 마이너스 기도 - 누룩이 생길 때 마다 바로바로 십자가 앞에 던져 버리겠습니다. 나의 회개기도가 깨어있게 도와 주세요.
* 플러스 기도 - 말씀을 통하여 무교병이신 예수님을 매일 먹겠습니다.

2) 피 발린 집, 언약 공동체 안에 있기 - 같이 하나님을 사랑하고 구속사의 길에 함께 할 수 있는 부모님을 주심에 감사합니다. 불순종하지 않고 엄마, 아빠와 함께, 같이 공부하고 나누고 기도하며 하나님과 더욱 가까워질 수 있도록 노력하겠습니다.
라파 교회를 사랑하고, 출석하면서 구조도 암기, 기도문 작성들을 성실하게 나눔으로 소통하도록 하겠습니다.

3) 공급 - 유목사님을 통하여 매주 새로운 설교 말씀으로 부족함을 채워주시고 공급해 주셔서 감사합니다.
멘토 목사님을 만나게 해주셔서 제자로, 말씀 사역자로 키워주시니 감사합니다.
구조도 시연과 기도문 작성 등 지금 제가 할 수 있는 일은 나름 최선을 다해 배우고 실천하겠습니다.

4) 여호와의 군대 - 지는 아직은 주의 일에 온진히 힌신할 수 있는 여건이 아니지만 나름대로 최선을 다해 군사로서의 훈련을 잘 받게 해 주시고, 제가 킹덤 빌더로 세워지게 하셔서 다른 사람을 여호와의 군대로 세우는 일에도 쓰임 받게 해주세요.

3. 3위 하나님 - 유월절 구원 이후 장자, 제사장으로서의 구별됨(13장)

1) 성부 하나님
* Focusing, Lordship으로 으뜸, 예배, 나의 공급원을 집중시키기 - 일과 생각, 감정, 그 무엇보다도 우선순위를 하나님께 두고 주권을 내려놓고 하나님께 순종하는 제가 되고 싶습니다.
* 다른 무엇보다 제가 말씀 구조도를 준비하고 시연을 끝냈을 때 하나님께서 가슴 깊은 곳으로 은혜와 기쁨을 주심을 느낍니다. 내 안에서 이러한 행복이 사라지지 않도록 말씀과 기도에 더 성실하게 임하도록 도와 주십시오.

2) 성자 예수님
나의 양식이자 음료이자 위로이신 예수님. 매일 말씀을 읽고 기도를 드릴 때 저를 찾아오셔서, 제 안에서 저의 생각의 중심이 되어주세요. 사탄이 저의 주인이 되지 않도록 청년들의 세속 문화에서 저를 지켜 주시고, 오직 주님이 나의 길과 진리, 생명이 되어 주십시오. 하나님의 말씀을 따라 순종하며 살면서 마귀의 공격과 유혹을 분별하여 거절하게 하시고, 영적 싸움에서 싸워 이길 수 있도록 항상 깨어있게 해 주세요.

3) 성령님
말씀에서 배운대로 3위 하나님을 닮아가는 것이 제 삶의 목적임을 늘 의식하게 해주세요.
말씀 사역자로, 제자로 살아가는 것이 저의 꿈입니다, 성령님께서 제 마음의 열정이 식지 않게 도와주세요. 그 때, 그 때 감동을 주셔서 잘 준비할 수 있도록 도와주세요.

4. 세례 (14장)

1) 안목의 정욕(성부 하나님을 거스리는)
내면보다는 겉으로 보이는 모습에 신경 쓰며 사람들에게 인정받고 잘 보이고자 했던 어리석은 욕심이 있었습니다. 지난 과거를 회개하고 안목의 정욕을 따르는 것이 아닌 아버지 하나님을 따르는 삶을 살게 해주세요.

2) 이생의 자랑거리(성자 예수님을 거스리는)
하나님께서 은혜를 주시고, 그 능력으로 저를 도와주셨는데 가끔씩 내 힘으로 한 게 아닐까 착각하여 조금 우쭐해 했던 적이 몇 번 있었습니다. 그런데 그 때마다 엄마, 아빠와의 대화를 통해 하나님께서 하신 일임을 깨닫고 회개하게 해주셔서 감사합니다. 하나님보다 내가 커지도록 속삭이고 유혹하는 사탄과의 싸움에서 이길 수 있도록 도와주세요.

3) 육신의 정욕(성령님을 거스리는)
육성, 충동, 기도 없이 행하는 것들을 거절하고 오늘도 제사장으로 구별되어 살게 해 주세요.

육신의 즐거움을 위한 것보다 영의 즐거움을 위한 것들에 더 신경 쓰면서 살도록 하겠습니다.
보이는 청년의 문화보다 말씀, 기도, 묵상, 말씀 시연 들이 내 마음에 더욱 흠모되게 하옵소서.

5. 5대 광야 (15~18장)

1) 수르 광야
오늘도 말씀의 기준으로 삽니다. 나의 과거, 기억이 나의 현재를 끌고 가지 않게 해주십시오. 내 마음에 쓰레기들을 버리는 마이너스 기도, 3위 하나님으로 채우는 플러스 기도로 승리하게 해주세요.
* 마이너스 기도: 하나님의 말씀이 제 안에 없으면 쉽게 화를 내고 부정적인 태도를 보였던 것을 회개합니다. 제 안에 말씀을 더 집어넣고 긍정적인 말투와 태도를 가지도록 노력하겠습니다.
* 플러스 기도: 10권의 구조도 시연과 기도문 작성을 향해 열심히 달려 갑니다. 하나님께서 저에게 바라시는 매일 찬양 2곡 올러드리기도 그동안 바빠서 못했던 것을 다시 시작하겠습니다. 제가 하나님의 성품을 닮을 수 있도록 도와주세요.

2) 신 광야 : 성부 하나님을 예배합니다. 개인예배(매일 QT, 감사 일기 쓰기, 찬양 2곡 부르기)

3) 르비딤 광야 : 나의 두려움과 불안은 기도 부족으로 하나님과의 교감이 부족하기 때문임을 깨닫습니다. 매일 저녁마다 기도를 드리겠습니다.

4) 아말렉 : 100번을 부르며 선포하는 기도 - 엄마, 아빠, 멘토 목자님
* 또 교회 목사님, 선교사님, 집사님들을 위해 중보기도합니다.

5) 시내 광야(Kingdom 빌더로 살기, 그리스도의 몸 세우기)
* 방학 때 친구 소현이 만나 말씀 나누기
* 7월 말까지 엄마 에베소서 말씀 구조도 하실 수 있도록 돕기

6. 시내산 - 십계명 (19~24장)

* 하나님 사랑 - 회개기도, 말씀, 예배, 매일 한 장씩 성경 읽기, 구조도 시연, 감사 일기 작성, 찬양 드리기
* 가족 사랑 - 가정 예배 드리기, 대화로 마음을 나누기, 기도제목 나누기
* 이웃 사랑 - 기도, 문자, 전화, 만남의 교제와 섬김
* 자기 사랑 - 암기한 구조도로 기도하기, 나를 돌아보기, 말씀 묵상하며 나와 대화하기

7. 성막 건축

1) Intro Calling - 내 안의 성전 건축
* 뜰 - 죄를 태우고(생각을 정돈), 마음을 씻고(감정 정리)
* 성소 - 묵상(QT하기), 공급, 기도훈련, 말씀 훈련, 예배 훈련
* 지성소 - 친밀함과 소통으로, 대화로 기도하는 훈련하기(저녁기도)

2) Extro Calling - 다른 사람 안에 성전 건축하기
* 하나님 나라 운동 - 저의 기도문을 아빠가 목사님들의 모임에서 나누고 요청들을 하셔서 단톡에 그 내용들을 올렸다고 합니다. 처음에는 조금 당황스러웠습니다. 이런 말씀 시연과 기도문을 올리는 일이 어떻게 하나님 나라 건설에 유익이 되는지 아직은 다 이해가 안되지만 유익이 되신다니 기쁩니다. 부족하지만 꾸준하게 노력하겠습니다.
멘토 목사님과의 약속대로 10권까지 계속 갈 것입니다.
아버지 하나님께 저를 제자로 드리겠다는 약속대로 말씀 사역자로 세워지기 위하여 말씀 훈련을 열심히 하면서 지금처럼 앞으로도 한 걸음씩 계속 나아가겠습니다.

주님, 어느 날 예배 중에 제가 군중이 아닌 제자로 살아야 함을 깨닫게 해주셔서 감사합니다.
주님, 저는 주님을 따르는 제자입니다. 제가 계속 성장하고 훈련하여 말씀 사역자로 쓰임받게 해 주소서.

마음에 갈망을 주시고, 순종할 수 있도록 오늘까지 인도하여 주심을 감사합니다.
이 순종과 열정이 식지 않도록 성령님 계속 도와주십시오. 감사합니다.
예수님 이름으로 기도드립니다. 아멘.

르비딤 광야 해결하기 - 필터링 기록지

○○ 집사

1. 불편한 상황

현모양처로 성실하게 살았고, 괜찮은 신앙인으로 잘살고 있다고 자부해 왔던 저에게 어느 날 청천벽력의 선고가 떨어졌습니다. 대장암 진단입니다. 남편도 괜찮은 직장의 임원이고, 아이들도 원하는 좋은 대학에 가서 모든 것이 다 은총과 축복 속에 진행되고 있다고 생각했는데 전혀 뜻밖의 위기를 만나게 됩니다. 몸은 견딜 수가 없도록 아프지만 나의 희생이 결코 헛되지 않았다는 마음의 행복이 있었는데 시간이 흐를수록 그 생각들이 무너져 갑니다.

가족을 위해 열심히 살았던 것들이 전부가 아니었다는 사실을 깨달은 것입니다.

나름대로 신앙생활을 잘했다고 생각했는데 남은 잘 돌보아주었지만 나는 나의 내면을 위해 아무것도 챙기지 못했다는 사실이 뒤늦게 깨달아지기 시작합니다. 마음속에서 어떤 배신감, 버림받은 느낌, 원망의 마음들, 잘못 살았다는 자책감들이 꾸역꾸역 올라와 나를 괴롭힙니다.

생애 처음으로 내 자신은 돌아보지 않고 가족만을 위해 살아온 내가 너무 어리석었다는 후회를 하게 됩니다. 다른 사람을 돌보려면 자기 자신을 먼저 돌아보고 챙겨야 한다는 주님의 말씀이 이제야 보여집니다.

"네 이웃을 네 자신같이 사랑하라"(마 22:39, 레 19:18)고 하신 예수님 말씀의 의미가 무엇인지 정리가 되었습니다. 나를 사랑하는 일이 먼저여야 했다라는 사실이 이제야 깨달아집니다. 이제부터라도 나를 돌아보고 사랑하는 삶을 살아야겠는데 어떻게 해야 할지 너무나 막막합니다.

나름대로 구원의 확신도 있고, 신앙생활도 성실하게 한다고 했지만 막상 위기를 만나니 마음은 불편하고, 열심히 살아온 나에게 하나님은 왜 이런 징벌을 내리셨나 원망의 마음도 슬몃슬몃 고개를 듭니다.

2. 나의 반응(감정 읽기)

절망감(90), 고독감(90), 후회, 배신감, 버려진 느낌(80), 원망(70), 정죄감, 자책감(90), 불편함(80), 두려움(70)

3. 인지왜곡(자동적 사고, 인지오류)

가족들에게 나는 서서히 귀찮은 존재가 되어 가는 건 아닌가? - 선택적 추론
내가 빨리 죽어주는 게 저들에게 유익이 되지 않을까? - 파국적 예상, 비약적 단정
어차피 치료가 안 될 것 같으면 가족들이 짐스럽게 느끼기 전에 빨리 죽는게 낫지 - 감정적 추론, 비약적 단정
모두가 다 열심히 사는데 나만 민폐를 끼치고 있네 - 개인화
남은 다 소용없어. - 과잉 일반화
난 하나님을 섬기는 게 아닌 가정을 섬기는 우상숭배자였어 - 비약적 단정, 감정적 추론, 파국적 예상
하나님이 나를 버린 게 틀림 없어 - 파국적 예상, 선택적 추론
가족들이 내가 귀찮아진건가? - 비약적 단정, 선택적 추론
가족이라면 당연히 나를 돌봐 주어야 해. - 당위 진술문
열심히 산 나에게 하나님이 이러시면 안되는데. - 당위 진술문

4. 행동적 반응

나는 위축되고 우울하고 살아있는 사실이 너무 버겁고, 밥먹는 일도 너무 무거워졌어. 하나님이 나에게 징벌을 내리신 것 같아 절망의 마음, 원망의 마음도 일어나 기도도 잘 안돼.
새벽에 잠에서 깨면 두려움, 불안, 원망의 생각들이 뒤 엉켜서 잠을 이루지 못하고 불면증에 시달려…

5. 핵심 신념

동조성 : 내가 가족들을 위해 평생을 살았으니 이제는 저들도 나를 돌봐야 한다.
강박성 : 깔끔하게 하고 떠나야 할 텐데…
통제성 : 하나님, 저에게 이러셔도 되는 겁니까?

6. 감정일기

남편을 잘 섬겨서 그는 작은 기업에 중견간부로 일하고 있습니다. 두 딸을 잘 키워 본인들이 하고 싶어하는 공부를 대학에서 하고 있습니다. 나름대로 뿌듯하고 축복된 삶이었습니다. 너무나 행복했습니다.

엉덩이를 제대로 땅에 붙여 볼 시간도 없이 바쁘게 살아왔기에 나름대로는 잘 살았다고 생각했습니다. 이제 한 시름 놓아도 되겠다 싶은 나이 50대 후반인 제가 그만 대장암에 걸렸습니다.

저의 어린 시절은 책임감이 강한 아버지와 헌신적인 엄마의 양육을 받고 자랐습니다. 부모님께 보고 배운대로 저는 남편을 위한 내조, 두 딸을 위한 헌신이 내 삶의 목표였습니다. 부끄러움 없이 최선을 다했다고 자부할 수 있습니다.

하나님 앞에서도 열심히 살았습니다. 목사님 말씀에 순종했고, 셀장으로서 셀원들을 지극 정성으로 섬겼습니다.

그런데 주님이 나를 광야로 이끄셨습니다. 너무나 큰 충격이었습니다. 기대가 무너지고, 마음이 혼란스러웠습니다. 버림받은 느낌이었습니다. 최선을 다해서 산 저에게 하나님께서 어찌 이러실 수가 있는가? 너무나 서운한 생각이 들며 심한 혼란, 슬픔, 우울함에서 빠져나오지를 못했습니다. 어떻게 해야 할지 몰라 너무나 당황이 됩니다. 처음에는 너무나 기가 막혀서 기도도 나오지 않았습니다. 감정의 부침(浮沈)으로 많이 고통스러웠습니다.

모든 것을 낙관으로만 보고 살아왔던 저에게 대장암은 그야말로 절망의 홍해였고, 고통스러운 광야였습니다.

도대체 무엇을 내려놓아야 하는가? 나는 지금 어떤 상태인가? 무엇을 추구해야 하는가? 여전히 혼란스럽습니다.

그런데 시간이 지날수록 문제가 선명하게 보이기 시작합니다. 나의 내면의 교통질서가 엉망인 것이 보여지기 시작했습니다.

나는 가정을 사랑한 게 아닌 가정에 집착했고, 가정이 내게 우상적인 존재였음이 보여지기 시작했습니다.

모든 신앙생활이 가정을 위한, 가정의 축복을 위한 것이었음이 보인 것입니다.

성경공부도, 기도도, 봉사도, 헌신도 다 나 자신을 위한 것이 아니었습니다.

하나님을 섬기는 것도 아니었습니다. 오직 가정을 위한 것이었습니다.

7. 논박

가족들이 나와 함께 하는 시간이 줄어든다고 나를 사랑하지 않는 것인가?
아내(엄마)가 아프면 남편이, 아이들이 모든 일에 위축되기를 바라는가?
내가 하나님으로부터 버림받았다는 논리적 근거는 무엇인가?
암이 걸렸기 때문에 하나님이 나를 사랑하시지 않는다고 말할 수 있는가?
"나는 암에 걸리지 않아야 한다"는 생각이 가능한 이야기인가?
죽지 않을 사람이 있는가? 나는 죽음에 대해 생각해 본 적이 있는가?

내가 구원받았다는 사실을 나는 무엇으로 증명하지?
내가 신앙인이라는 사실을 무엇으로 확인할 수 있지?
나는 나의 삶에 대하여 진지하게 고민해 본 적이 있는가?
감정 기복이 심하면 믿음이 없는 것인가?
나의 감정의 호불호에 의해 나의 구원이 좌우될 수 있는가?

8. 내면아이 안아주기(꼭 안아 주면서 사과, 위로, 화해 / 왼손 오른손 쓰기)

* 왼손 쓰기 :
나는 너무 무섭고 절망적이야. ㅇㅇㅇ야, 나는 외로워. 나 너무 슬퍼
누가 나의 감정을 좀 도와주면 좋겠어.
하나님, 나 좀 안아주세요.

* 오른손 쓰기 : 꼭 안아 주면서
ㅇㅇㅇ야 많이 무섭고 외롭고 슬프지.
병들고, 암에 걸리면 무섭고 외롭고 슬픈 것은 당연한 거야.
그런데 내(성인)가 항상 너(어린 내면아이) 곁에 있어 줄게.
너를 돌보아 줄게. 당연히 힘들 수 있지만 내가 함께 있으니 평안히 내 품에 안겨~~
이젠 너 자신을 돌아보아. 내가 같이 너의 마음을 돌보아 줄게.
(토닥토닥 꼭 안아주며 좋아하는 찬양 틀어 놓고 100업 기도로 감정을 계속 올려드림. 감정이 풀릴 때까지 100업 기도를 2세트, 3세트 올려드림)

* 하나님께서 나에게

어린 딸아, 마음 고생이 많구나.
모두가 잠든 밤에도 두려움으로 떨고 있는 너를 보고 있단다. 얼마나 마음이 불안하니?
네가 그동안 힘들게, 성실하게 살아온 것을 내가 다 보았단다.
내가 너의 가정에 베푸는 은혜가 있었고, 너의 그 수고가 있었기에 너의 남편과 두 딸이 행복하게 살아오지 않았니?
네가 그동안 너무 분주하게 살면서 돌아보지 않았던 너의 내면세계, 너의 감성의 세계를 이제 활짝 열고 나와 함께 울고, 웃고, 춤추고, 노래하자.
이제 나를 만나러 올 준비를 해야 되지 않겠니?
이제부터는 가족만, 일만 생각하지 말고 나랑 함께 노는 법을 익히도록 해라. 너를 기다리고 있을께…
이 일을 위해 내가 너에게 특별한 시간과 기회를 주는 거란다. 두려워하지 말고 이제 시작하면 돼…

9. 신적 교환 기도

예수님이 징벌을 받으심으로 나의 어떤 죄도 용서 받을 수 있음을 압니다(사 53:4-5).
예수님이 나를 대신하여 죽으셨으므로 나는 주님의 생명으로 바뀌었습니다(히 2:9-10).
예수님이 거절당하심으로 나는 하나님의 자녀가 되었습니다. 내가 자녀이기에 나의 어떤 연약함도 다 용납됨을 압니다(마 27:45-50).
세례받을 때 나는 나를 내려놓았습니다. 그때 나는 죽고 예수님이 나의 생명이 되셨습니다(갈 2:20).
나의 옛사람은 주님이 가져가시고, 나는 주님의 생명으로 살아갑니다(롬 6:1-5).
나의 어리석음과 깨닫지 못함은 주님이 가져가시고, 오늘부터 나는 새로운 피조물이 되었음을 선언합니다(고후 5:17).

10. 합리적 사고

가족들이 나에 대하여 소홀해 진 게 아니고 시간이 지나니 각자 자신의 일로 돌아간

것이다.
사람이 늙고, 병들고, 약해지는 것은 자연의 순리이다.
나도 병들 수 있고, 나도 암에 걸릴 수 있다. 그런데 나는 그렇지 않을 거라는 막연한 기대로 살았던 생각이 모순이다.
이 광야를 통하여 나는 내면으로 더욱 정결해질 것이다.
주님은 나에게 특별한 제한을 두셔서 나를 돌아볼 수 있는 기회를 허락하셨다.
하나님께서 죽기 전에 이전에 알지 못했던 내면세계를 열어주셨구나.
닫혀있던 감성의 세계를 활짝 열고 지금부터 나는 주님과 노는 훈련, 나 자신과 노는 시간을 가져야겠다.
인생을 살아간다는 것은 문제의 연속이기에 환경에 의하여 나의 삶은 흔들리지 않을 것이다.
어차피 떠나는 인생인데 잘 살아봤으니 이제 아픈 삶, 암 환자로서의 삶을 경험하는 것도 꽤 괜찮은 경험이 될 것 같아.
깊은 절망의 늪에 들어가 내 자신의 연약한 실존 앞에 서서 내가 진짜 신앙인인지 정직하게 직면해 보는 기회가 될 거야.

11. 광야 기도

출애굽기 15 ~ 17장 - 이 광야를 불평, 원망하지 않고 전적으로 수용, 동의, 감사, 순종합니다.
1. 수르 광야(15장) : 기대치가 무너져 실망스러웠지만 무엇이 문제인가를 고민하면서 주님의 인도해 주심을 기다립니다. 나의 갈망이 아닌 주님의 의도를 보기 원합니다. 나의 내면의 허약함을 보지 못하고 남을 도울 수 있다고 생각하고 살아왔던 교만한 세월을 회개합니다. 이제라도 나의 내면을 돌보기를 원하오니 저를 도와주십시오. 나의 기대치로 올려드렸던 기도가 아닌 주님이 원하시는 원칙과 기준의 기도로 돌아섭니다. 나의 회개를 받으시고 용서하여 주옵소서.
2. 신 광야(16장) : 나의 공급자는 하나님이심을 고백합니다. 이 고난에 적절한 양식과 이 고난의 상황들에 좌절하지 않고 이겨 나갈 수 있는 에너지를 주십시오. 오늘까지 도우셨던 에벤에셀 하나님, 나의 공급자 나의 아버지, 나에게 오늘을 감당할 떡과 음료를 주옵소서. 불안과 두려움으로 흔들리는 나의 감성을 도울 수 있는 사람도 붙

여 주십시오.
3. 르비딤 광야(17장) : 나의 답답하고 불편한 마음, 우울하고 슬픈 마음을 가지고 주님 앞에 나아갑니다. 성령님 오셔서 나를 만지시고, 위로하옵소서. 닫혀있는 나의 감성을 열어주시고, 주님 안에서 희로애락을 누리는 법을 가르쳐 주옵소서.
나의 슬픈 감정, 버림받은 느낌, 서운한 마음을 올려드립니다(해결될 때까지 100업 기도를 2세트, 3세트 올려 드림). 내면의 나 자신과의 대화, 주님과의 대화, 성령님과의 소통이 나의 일상의 즐거움이 되게 해 주십시오.
가정으로, 일로서가 아니라 마음으로, 느낌으로 주님과 대화하게 해 주십시오.

12. 감사 - 그리스도 안에 있는 자의 '항쉬범의 삶'

나의 구원을 점검할 수 있어서 감사합니다.
나에게 새로운 세계를 볼 수 있는 여유를 주셔서 감사합니다.
남편이 있어서 감사합니다. 두 딸이 있어서 감사합니다.
인지전환할 수 있어서 감사합니다. 감정치유할 수 있어서 감사합니다.
나의 내면의 소리에 귀를 기울이게 해주셔서 감사합니다.
나의 내면세계의 부실함을 확인하고 보완할 기회를 주셔서 감사합니다.
아름다운 자연을 볼 수 있어서 감사합니다.
식욕이 없지만 열심으로 밥을 먹을 수 있어서 감사합니다.
내 마음의 문제를 나누고, 도움을 받을 수 있는 목자가 있어서 감사합니다.

13. 결단

시선을 하나님께로 집중하겠습니다(포커싱).
하나님께서 내 인생을 이끌어 오셨음을 인정합니다(로드쉽)
지금까지 평생을 인도해 주신 주님께 매일 감사일기 50가지씩을 올리겠습니다.
환경을 바라보지 않고 주님만 바라보겠습니다.
사랑하는 가족에게 고마움의 마음을 편지로 쓰겠습니다.
기도하며 신적 교환 기도를 매일 드리면서 선포하겠습니다.

닫혀있는 감성세계, 희로애락을 주님과 함께 즐길 수 있도록 힘쓰겠습니다(컨커런스).
언제 부르시더라도 편안하게 갈 수 있도록 마음 정리를 하겠습니다.
출애굽기 훈련에서 배운 5가지 원칙들을 루틴으로 만들어 매일 따라가겠습니다.

14. 감정의 변화

절망감(90 ⇨ 30), 고독감(90 ⇨ 20), 후회, 배신감, 버려진 느낌(80 ⇨ 20), 원망(70 ⇨ 20), 자책감(90 ⇨ 30), 불편함(80 ⇨ 20), 두려움(70 ⇨ 20)

15. 필터링 기도의 결과

우울증, 공황장애, 폐쇄 공포증, 불면증, 두려움, 염려로부터의 해방
임재 훈련, 셀프 토크, 일기쓰기, 저널링
회개기도, 마음의 평화, 항쉬법의 삶으로 바뀌어 가고 있습니다.

* 위의 8강, 11번의 제안에 대한 대답 : '배운 바 출애굽기 말씀으로 김집사를 돕는다면 어떻게 도울 수 있겠습니까?'

1) 말씀 읽기, 말씀 묵상 - 출 구조도로 성경 묵상, 하루 한번 전체 나의 구속사 묵상, 감사하기①
2) 예배 - 3대 언약 확인②, 성막 예배⑤
3) 기도 생활 돕기 - 출 7단계 구속사로 기도하기①, 성막 기도하기⑤
4) 마음의 안정, 평화 - 필터링 작업③
5) 루틴 계획 세워서 목자와 함께 나누기 - 원복 선포, 3대 언약 성찰 일기 쓰기②, 나의 매일의 십계명 체크리스트 만들어 실행하기⑤

러닝 센터(센터 학습) - 광야 경험해 보기

- 출애굽기는 '성화로 가는 여정'입니다.
- 이 길을 감사함으로 잘 따라가면 마침내 가나안에 도달합니다. 신뢰와 수용, 감사와 순종의 응답이 중요합니다(히 3:18-19)

*수르 광야 : 나의 기대가 어긋났을 때 / 출 15:22-26
문제가 꼬일 때 십자가를 적용하고 기준(말씀)으로 돌아가라. - 성자 예수님께 집중

1. 수르 광야 상황 : 인도자
우리는 수르광야에 도달했습니다. 하나님은 기적적인 하나님의 방법으로 홍해를 건너게 하신 이후 구름 기둥과 불기둥으로 우리를 이곳으로 인도하셨습니다. 그런데 상상할 수 없는 일이 벌어졌습니다. 너무나 어이없게도 사흘 동안이나 광야를 헤매었지만 물을 구할 수가 없었습니다. 광야에서의 3일의 목마름은 우리 모두를 거의 탈진의 상태에 도달케 했습니다. 하나님께서 인도하신 땅인데 어찌 이럴 수가 있단 말입니까?

2. 삶의 상황 설명과 원망, 불평 : 시연자
* 본인의 구속사 간증문의 광야 내용을 가지고 시연해도 좋습니다.
* 비비부불, 충탐해판(비난, 비판, 부정적인 언어, 불평, 충고, 탐색, 해석, 판단)

3. 하나님의 말씀하심 : 관찰자 1
"나는 전능자 하나님이다. 나는 실패하지 않는다.
나는 너를 창세 전에 선택했다. 내가 너를 지명하여 이리로 불러내었다.
이 광야로 인하여 두려워 말라. 이 고난으로 인하여 놀라지 말라.
나를 신뢰하고 나를 따르라.
너는 내 아들이다. 너는 내 나라의, 내 기업의 상속자다. 나는 너를 지극히 사랑한다.

4. 구속사 목자의 도움 : 관찰자 2
(시연자가 상황으로 깊이 들어가지 못할 때 질문하기)
그 사건 중 어떤 부분이 당신을 가장 힘들게 했습니까?

왜 그런 생각을 하게 되었습니까? 왜 그런 느낌을 갖게 되었을까요?
하나님께서는 자녀인 나에게 왜 이 사건을 배열했다고 생각하십니까?
어떻게 응답하면 하나님의 의도를 찾아갈 수 있겠습니까?
지금 우리가 당신을 어떻게 도와 주기를 원하십니까?

5. 수르 광야의 교훈 : 인도자

지금까지 우리가 애굽에서 살아왔던 삶의 방식은 죄, 불법, 불신앙, 부정적인 것이었습니다. 그러나 세례 받은 자들은 이제 하나님의 원칙과 기준으로 살아가야 합니다. 말씀을 불순종하고 규례를 떠나면 마라의 쓴 물처럼 우리의 삶에 문제가 나타나고 꼬이게 됩니다. 그때는 십자가를 적용하는 회개로 삶을 돌이키라는 신호입니다. 우리가 말씀대로 살면, 하나님은 치료의 하나님(여호와 라파)으로 우리를 만나 주십니다. 우리는 수르광야에서 말씀을 만나고, 말씀이신 우리 주님을 만나도록 초청받았습니다.

6. 시연자의 결단 (고백)

나는 유월절을 거친 자로서 피 발린 언약 공동체 안에 있습니다.
나는 3위 하나님의 이름으로 세례받은 자로서 내가 죽고 그리스도가 사는 거듭난 인생을 사는 사람입니다.
이 광야를 통해서 나는 무엇을 플러스하고 무엇을 마이너스 해야 할지를 깨닫기를 원합니다. 주님이 나의 구원자, 나의 주인이십니다.
세례받은 이후에 나는 주님의 종이 되었습니다. 주님의 소유가 되었음을 선포합니다. 주님은 특별한 뜻을 가지고 나를 수르 광야로 이끄셨음을 신뢰합니다. 주님은 언제나 가장 좋은 길로 인도하셨음을 수용하고 인정합니다. 수르광야의 불편함도 감사로 응답합니다. 주님께서 말씀하신대로 순종합니다.

7. 구성원 전체의 공동 고백 (소리 내어)

"여호와는 나의 목자시니 내게 부족함이 없으리로다 그가 나를 푸른 풀밭에 누이시며 쉴 만한 물 가로 인도하시는도다 내 영혼을 소생시키고 자기 이름을 위하여 의의 길로 인도하시는도다 내가 사망의 음침한 골짜기로 다닐지라도 해를 두려워하지 않을 것은 주께서 나와 함께 하심이라 주의 지팡이와 막대기가 나를 안위하시나이다 주께서 내 원수의 목전에서 내게 상을 차려 주시고 기름을 내 머리에 부으셨으니 내 잔이 넘치나이다 내 평생에 선하심과 인자하심이 반드시 나를 따르리니 내가 여호와의 집에 영원히 살리로다"(시 23편).

> *** 신 광야** – 나의 삶에 근본 힘이라고 생각하고 의지했던 근간이 무너졌을 때(출 16장) 기초(경제, 건강, 가족)가 무너졌을 때 공급자 성부 하나님을 찾으라 – 의존(예배).

1. 신 광야의 상황 : 인도자

하나님은 수르광야 이후에 엘림의 오아시스를 잠시 경험케 하신 후 다시 신 광야의 결핍의 땅으로 인도하셨습니다. 애굽에서 가지고 나온 양식들이 다 되었으나 광야에서는 양식을 얻을 방법이 없습니다.

> 출 16:4-5 내가 너희를 위하여 하늘에서 양식을 비같이 내리리니 백성들이 일용할 양식을 날마다 거둘 것이라 이같이 하여 그들이 내 법을 준행하나 아니하나 내가 시험하리라
> 신 8:2-3 네 하나님 여호와께서 이 사십 년 동안에 네게 광야 길을 걷게 하신 것을 기억하라 이는 너를 낮추시며 너를 시험하사 네 마음이 어떠한지 그 명령을 지키는지 지키지 않는지 알려 하심이라 너를 낮추시며 너를 주리게 하시며 또 너도 알지 못하며 네 조상들도 알지 못하던 만나를 네게 먹이신 것은 사람이 떡으로만 사는 것이 아니요 여호와의 입에서 나오는 모든 말씀으로 사는 줄을 네가 알게 하려 하심이니라"

나에게 온 이 물질적인 시험은 감당하기 어려운 큰 시험입니다. 주님께서 내게 원하시는 것은 무엇일까요? 나는 어떻게 이 시험을 극복할 수 있겠습니까?
(*2,3,4,6,7은 수르 광야의 멘트와 동일합니다.)

5. 신 광야의 교훈

홍해에서 자기를 거절하겠다는 세례를 언약한 이후 주님을 따르는 사람들은 점점 주님과 연합함으로 새로운 존재로 바뀌어 가기 시작합니다. 주님의 인도, 말씀의 인도를 받기에 가치의 변화, 삶의 질의 변화가 나타나기 시작합니다.
왜 신광야로 이끄셨습니까? 하나님이 공급자 되십니다. 그래서 예수 그리스도를 나의 양식으로, 나의 음료로 취할 수 있도록 계속 우리를 이 결핍의 땅으로 이끄셨습니다. 구원받은 이후에는 우리는 바로의 공급하는 양식을 기대해서는 안됩니다. 계속 바로의 도움을 받으면 우리는 바로의 종의 상태에서 벗어나지 못합니다. 또 애굽의

문화가 우리의 즐거움이 될 수 없습니다. 하나님이 양식의 공급원이십니다. 그리스도가, 말씀이 우리의 진정한 양식이 되어야 합니다. 예수님을 양식으로, 음료로 취하게 하기 위하여 하나님은 그런 장소와 상황으로 우리를 이끄십니다.

광야에서의 양식은 땅에서 얻지 않고 하늘로부터 얻습니다.

배가 고픕니까? 인생이 힘드십니까? 하늘을 보십시오. 하늘 양식을 날마다 거두어야 합니다. 아침 일찍 일어나 먼저 만나를 거두십시오. 하루 일과를 시작하기 전에 먼저 생명의 떡이신 그리스도를 먹어야 합니다. 광야를 이기려면 이 시험에 꼭 합격해야 합니다(16:4).

우리는 신광야를 통하여 우리가 따르고, 바라보고, 섬기는 분은 하나님 아버지이심을 경험하게 됩니다. 이러한 마음의 자세가 바로 예배의 마음입니다. 우리는 신광야를 통하여 공급자 하나님, 예배를 통하여 아버지를 만나는 방법을 훈련합니다.

* 르비딤 광야 – 목마름, 배고픔, 삶의 고단함(출 17:1-7)
목마를 때 기도에 집중함으로 성령님과의 만남(기도생활)

1. 르비딤 광야의 상황 : 인도자

구름기둥, 불기둥의 인도를 받아 이동하여 장막을 친 곳이 르비딤 광야였습니다. 그런데 역시 이곳에서도 목마름의 광야를 경험해야 했습니다.

하나님은 왜 이 백성을 목마름의 땅으로 인도하셨을까요?

무엇을 위함입니까? 어떻게 응답해야 합니까?

왜 사랑하는 자녀인 나에게 인생의 갈증, 피곤함, 삶에 대한 회의, 우울증 등을 경험하게 하십니까?

> 출 17:1 이스라엘 자손의 온 회중이 여호와의 명령대로 신 광야에서 떠나 그 노정대로 행하여 르비딤에 장막을 쳤으나 백성이 마실 물이 없는지라

(*2,3,4,6,7은 수르 광야의 멘트와 동일합니다.)

5. 르비딤 광야의 교훈

생명나무와 생명수 강물의 공급으로 사는 곳이 에덴동산이었습니다. 타락한 이후 사

람은 에덴에서 쫓겨났지만 우리 주님은 우리를 찾아오셔서 떡이 되시고, 음료가 되어 주셨습니다. 그러나 우리는 애굽의 양식, 애굽의 음료에 너무 익숙해 있습니다. 예수님을 만난 이후에는 이제 더 이상 그러한 방법들이 내 삶에 기쁨, 만족이 되지 못하다는 것을 인정해야 합니다.

요 4:13 예수께서 대답하여 이르시되 이 물을 마시는 자마다 다시 목마르려니와

인생의 목이 마릅니까? 반석이신 그리스도께 가십시오. 그곳에서 생수의 강을 경험할 것입니다. 하나님의 영을 받아야 하나님과 교통할 수 있습니다. 하나님의 가슴을 알아야 하나님과 교제할 수 있습니다.
나의 삶이 목마르고, 힘이 빠질 때는 떡이신 그리스도, 음료이신 성령님을 공급받아야 하기 때문입니다. 반석이신 그리스도를 찾아 부르짖을 때 생수의 강이 흐르게 하십시오. 목마를 때는 기도함으로 성령의 강수를 경험해야 합니다. - 성령, 기도 중심의 삶 훈련

삶으로 다시 읽는 출애굽기 말씀
: 하나님의 구원 경영 실천편

초판발행	2024년 10월 20일
엮 은 이	박승호
펴 낸 이	강성훈
펴 낸 곳	한국장로교출판사
주　　소	03129 / 서울 종로구 대학로3길 29, 신관 4층(총회창립100주년기념관)
전　　화	(02) 741 - 4381 / 팩스 (02) 741 - 7886
영 업 국	(031) 944-4340 / 팩스 (02) 944 - 2623
등　　록	No. 1-84(1951. 8. 3.)

ISBN 978 - 89 - 398 - 4608 - 1 / Printed in Korea
값 13,000원

※ 이 출판물은 저작권법에 의해 보호를 받는 저작물이므로 무단전재와 무단복제를 할 수 없습니다.